디모데 전략
Operation Timothy Global

1

저자_ CBMC USA
역자_ 북미주 KCBMC LOL 사역팀
북미주 KCBMC 사역지원센터

삶의 질문

쿰란출판사

디모데 전략
Operation Timothy Global

1권

삶의 질문

제1과 인생의 목적은 무엇입니까? _4
제2과 성경은 믿을 만한 것입니까? _14
제3과 하나님은 어디 계십니까? _27
제4과 예수님은 누구십니까? _42
제5과 예수님은 왜 오셨습니까? _52
제6과 나는 용서받을 수 있을까요? _63

01 인생의 목적은 무엇입니까?

어떤 사람들은 이렇게 말합니다.

"삶의 목적이 있는 사람은 거의 모든 상황을 견딜 수 있다." - 프리드리히 니체, 독일 철학자

"나는 목적이 있는 사람을 자유인이라 부른다." - 르네 데카르트

"우리 인간의 운명은 얼마나 이상한가! 우리 각자는 잠시 머무르기 위해 여기에 있지만, 그 목적이 무엇인지 알지 못하면서도 그것을 느낀다. 그러나 깊이 생각하지 않아도 일상 생활을 통해 우리는 다른 사람들을 위해 존재한다는 것을 알 수 있다."
- 알베르트 아인슈타인, 물리학자

"사람은 죽음을 무릅쓸 만한 무언가를 가지지 않았다면 진정으로 사는 것이 아니다." - 쇠렌 키르케고르, 덴마크 철학자

만약 당신이 어떤 큰 목적을 위해 태어났다고 생각해 보세요. 매일 아침 사람들을 침대에서 일어나게 만드는 것보다 더 만족스러운 무언가를 위해…. 아침 알람 소리나 아기의 울음소리보다 더 매력적인 무엇인가를 위해. 당신의 수입보다 더 만족

스러운 무언가를 위해. 당신의 인생 전체를 당신이 일에 투자하는 시간보다 더 가치 있게 만드는 무엇인가를 위해. TV 광고에서 선전하는 제품보다 더 매력적인 무언가를 위해….

만약 당신이 어떤 중요한 목적을 위해 태어났고, 그 목적이 당신이 묻게 될 모든 중요한 질문의 답 속에 자연스럽게 녹아들어 간다면 어떨까요?

매일 아침 당신을 일어나게 하고 계속해서 살아가게 하는 것은 무엇인가요? 당신이 바로 지금, 바로 여기에 존재하는 목적을 정의할 수 있나요? 할 수 있다면 그 목적은 어떤 크기와 모양입니까? 그 목적이 당신의 삶의 바운더리 내에 있는 작은 것인가요, 아니면 너무 커서 아직 그 차원을 다 발견하지 못하고 있는 것인가요?

현대인의 비극은 자기 삶의 의미를 점점 더 알지 못하는 것이 아니라, 그것을 점점 덜 신경 쓰게 된다는 것입니다.

당신의 삶의 목적을 간단히 기술하세요.

....

....

모든 것을 다 가진 것 같은 사람들

역사 속에서 세계의 금융 시장을 통해 돈을 버는 능력 면에서 전설적인 사람들이 있었습니다. 그들 중 일부는 영웅이자 재계를 선도하는 인물이 되었습니다. 몇 가지 예를 들어 보겠습니다.

이들이 삶에서 성공, 목적 그리고 중요성을 찾았을까요?

제시 리버모어(1877 ~ 1940)는 월 스트리트의 전설이었습니다. 10대 시절 그는 주식에 도박을 걸어 1,000달러 이상을 벌었는데, 이는 1890년대에는 그에게 작은 재산이었습니다. 그가 정식 주식 거래를 시작하고 나서 6개월 만에 모든 것을 잃었지만 그는 멈추지 않고 계속 진행했습니다. 1929년 시장이 붕괴된 후에도 리버모어의 자산 가치는 여전히 1억 달러 이상이었습니다. 그러나 1940년 11월 28일 리버모어는 뉴욕의 한 호텔에서 권총 자살로 생을 마감했습니다.

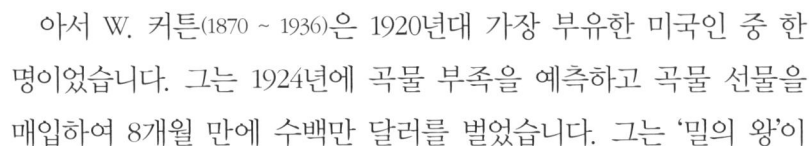
아서 W. 커튼(1870 ~ 1936)은 1920년대 가장 부유한 미국인 중 한 명이었습니다. 그는 1924년에 곡물 부족을 예측하고 곡물 선물을 매입하여 8개월 만에 수백만 달러를 벌었습니다. 그는 '밀의 왕'이라고 불렸습니다. 그러나 미국 정부는 그를 사기와 탈세 혐의로 기소하여 그의 재산 대부분을 몰수하고, 결국 그는 심장마비로 사망했습니다.

이바르 크루거(1880 ~ 1932)는 유럽 성냥 산업 독점으로 '성냥왕'이라고 불렸습니다. 25년 동안 그는 그의 나라에 돈과 사업을 가져다준 스웨덴의 영웅이었습니다. 그러나 1932년에 그는 파리에서 자살로 죽은 채 발견되었고, 그의 죽음과 함께 그가 소유한 기업은 줄줄이 도산하였습니다. 크루거의 회사들은 스웨덴 국가 부채보다 더 많은 빚을 남겼습니다.

이 사람들은 사업면에서 최고였으며, 세속적 성공을 달성하기 위해 모든 것을 희생할 각오로 살았습니다. 헤드라인을 장식하는 많은 다른 사람들처럼 이들도 사업에서 성공할 수 있었지만, 의미 있는 삶을 사는 법을 알지 못했습니다.

자기 성찰

물질적 소유가 한 사람의 삶의 질에 어떤 영향을 미칩니까?

....

....

물질적 소유가 한 사람의 삶의 목적에 어떤 영향을 미칩니까?

....
....

사람의 인생에서 재산, 명예, 권력, 지위, 성공 등이 삶의 탁월함을 정의하는 요소로 간주되어야 할까요? 그렇다면 왜 그럴까요? 아니면 왜 그렇지 않을까요?

....
....

우리 모두가 궁금해하는 것

모든 문화권, 모든 시대의 모든 사람들은 인생에 관한 동일한 기본적인 질문에 답하려고 노력해 왔습니다. 다음과 같은 질문들입니다.

- 나는 누구인가?
- 나는 왜 여기에 있는가?
- 나는 어디서 왔는가?
- 나는 어디로 가고 있는가?

이런 질문에 답함으로써 우리는 인생의 목적을 밝힐 수 있습니다.

내가 여기에 있는 이유

프랭크 카프라의 영화 〈멋진 인생〉(역대 최고의 영화 100편 중 하나로 선정됨)을 떠올려 보십시오.

1946년 크리스마스 이브. 조지 베일리는 자살 직전에 있습니다. 그의 사업이 무너지면서 파산의 스캔들에 직면해 있습니다. 게다가 자금 유용 혐의로 경찰에 수배까지 되었습니다. 절망 속에서 그는 자신이 태어나지 않았다면 좋았을 것이라고 생각합니다. 이 모든 상황 속에서 그의 가족의 기도가 천국에 닿아 천사 클라렌스 오드바디가 조지의 절망적인 시각을 변화시키기 위해 지상으로 보내집니다.

기묘한 예언적 전환으로, 클라렌스는 조지에게 그가 태어나지 않았다면 세상이 어떻게 보였을지를 보여 줍니다. 처음에 조지는 변화를 알아차리지 못했지만, 베드포드 폭포를 거닐면서 미묘한 차이를 알아차리기 시작했습니다. 한때 그림 같던 고향 마을이 이제는 황폐해져 있습니다. 그의 삶의 흔적이 이웃, 친구, 가족의 삶에서 보이지 않습니다. 그가 다른 사람들에게 가져다준 축복도 눈에 띄지 않습니다. 그가 거리에서 옛 친구들을 만날 때, 그들은 더 이상 그를 알아보지 못합니다. 심지어 그의 아내조차 그를 낯선 사람으로 여깁니다.

이 경험에 놀란 조지는 비록 결점이 있어도 자신의 이전 삶의 소중한 가치를 깨닫습니다. 그는 클라렌스를 불러 자신을 구해 달라고 합니다. 즉시 그는 원래의 삶으로 돌아갑니다. 크리스마스 날입니다. 그의 친구와 가족은 조지와 그의 회사를 파산에서 구하기 위해 돈을 모았습니다. 그가 다른 사람들의 삶에 미친 영향과 마을에 끼친 변화를 보며, 조지 베일리는 결국 자신의 인생이 멋진 삶이라는 결론을 내립니다.

> "저는 이 세상 대부분의 사람들이 자신이 왜 여기 있는지, 자신이 원하는 삶의 최종 결과는 무엇인지에 대해 진지하게 고민하지 않고 수년, 심지어 수십 년을 흘려보내는 것을 보고 놀랐습니다. 많은 비즈니스와 전문직 종사자들은 성공이라는 달성하기 어려운 꿈을 추구하는 빠른 길을 택하면서도, 그들이 귀중한 생애를 투자하는 것이 결국 만족을 주지 못할 수도 있다는 사실에 의문을 제기하지 않습니다. 키르케고르의 조언을 따르는 것이 훨씬 더 현명합니다. 즉, 인생을 역으로 정의하고 앞으로

살아가야 한다는 것입니다. 즉, 먼저 목표를 분명히 정한 후 그 목표에 맞게 인생의 여정을 계획하는 것이 훨씬 더 지혜로운 삶의 방식입니다." - 켄 보아

위에 언급한 '멋진 인생'이란 다른 사람의 삶에 가치를 더하는 것의 중요성을 조명합니다. 이 개념은 당신의 삶의 목적을 형성하는 데 얼마나 중요합니까?

....

....

삶의 목적에 대한 탐구

1995년 영화 <미스터 홀랜드의 오푸스> 역시 목적에 관한 내용입니다.

글렌 홀랜드가 고등학교 음악 교사로 일하기로 결정했을 때, 그는 직업 때문에 마지못해 세상에 자신의 흔적을 남길 기억에 남는 한 곡, 오푸스를 작곡하겠다는 꿈을 접었습니다. 대신 학생들에게 자신의 삶을 쏟아붓고 음악에 대한 그의 열정을 다른 방식으로 표현하는 삶을 살게 됩니다. 직업 때문에 그의 꿈을 완전히 포기한 것처럼 느껴졌지만, 음악에 대한 열정은 결코 사라지지 않았습니다.

30년이 지나고, 홀랜드는 학교의 예산 삭감으로 인해 밴드와 음악 프로그램이 폐지될 것이라는 소식을 듣습니다. 그의 인생은 저물어 가고 있지만, 그의 오푸스는 쓰여지지 않았으며, 학교는 그의 직책을 없애고 있습니다. 학교 이사회에 재고를 요청했지만 효과가 없었습니다. 홀랜드는 교직에서 은퇴하기로 결정합니다. 그의 작곡의 꿈은 사무실의 개인 물품과 함께 포장되었습니다.

그를 위한 깜짝 고별 파티에는 그의 옛 제자 수백 명이 참석했습니다. 이제 생산적인 삶과 경력을 가진 젊은 제자들이 그의 영

향력을 인정하기 위해 모였습니다. 주지사 역시 전 학생으로 이 모임에서 연설을 합니다. 홀랜드는 계획한 걸작은 완성하지 못했지만, 그녀 자신은 홀랜드의 업적인 삶의 교향곡이라며 "우리는 모두 당신의 오푸스입니다"라고 선언합니다.

이러한 성공의 정의에 따르면, 홀랜드의 유산은 그가 꿈꾸었던 것보다 더 위대합니다.

> "삶의 마지막에서 질문은 '얼마나 가졌는가'가 아니라 '얼마나 주었는가'입니다. 당신이 '얼마나 얻었는가'가 아니라 '얼마나 많은 일을 했는가'입니다. '얼마나 저축했는가'가 아니라 '얼마나 희생했는가'입니다. '얼마나 영광 받았는가'가 아니라, '얼마나 사랑하고 봉사했는가'입니다." – 네이선 C. 셰퍼

만약 당신이 오늘 죽으면 무엇으로 기억될 것이라고 생각합니까?

....

....

모든 사람은 자신이 원하는 대로 사용할 수 있는 재능과 기회를 소유하고 있습니다. 일부는 단순히 인생을 소비하고, 다른 일부는 목적을 추구하는 것들에 투자합니다.

> "그러나 그는 지혜 있는 자도 죽고 어리석고 무지한 자도 함께 망하며 그들의 재물은 남에게 남겨 두고 떠나는 것을 보게 되리로다 그러나 그들의 속 생각에 그들의 집은 영원히 있고 그들의 거처는 대대에 이르리라 하여 그들의 토지를 자기 이름으로 부르도다"(시 49:10-11).

당신이 하지 못하고 떠나면 후회할 것 같은 것은 무엇인가요?

....

....

훨씬 더 많은 것을 위해 만들어진 존재

우리는 하나님을 필요로 하도록 창조되었습니다. 그렇다면 우리는 그분과 분리되어 있다는 긴장감을 어떻게 해결할 수 있을까요? 많은 종교적 접근 방식은 하나님과 연결을 위해 우리의 가치를 충분히 입증하거나 정당화하기 위한 다양한 일을 수행해야 하는 것처럼 보입니다. 그러나 에베소서 2장 4-9절에서는 하나님께서 그리스도를 통해 이 연결을 시작하신다고 말합니다. 이는 선물로 묘사됩니다.

> "긍휼이 풍성하신 하나님이 우리를 사랑하신 그 큰 사랑을 인하여 허물로 죽은 우리를 그리스도와 함께 살리셨고 (너희는 은혜로 구원을 받은 것이라) 또 함께 일으키사 그리스도 예수 안에서 함께 하늘에 앉히시니 이는 그리스도 예수 안에서 우리에게 자비하심으로써 그 은혜의 지극히 풍성함을 오는 여러 세대에 나타내려 하심이라 너희는 그 은혜에 의하여 믿음으로 말미암아 구원을 받았으니 이것은 너희에게서 난 것이 아니요 하나님의 선물이라 행위에서 난 것이 아니니 이는 누구든지 자랑하지 못하게 함이라"(엡 2:4-9).

에베소서 2:4-9에서는 하나님을 어떻게 묘사하고 있나요?

이 구절에 따르면 우리는 어떻게 구원을 받나요?

관련 자료

듣기: 유튜브-The Reason for Living by Tim Keller
　　　The Purpose Driven Life: What on Earth Am I Here For?, Rick Warren
　　　Amazing Grace, Eric Metaxas

더 깊이 들어가기

이 섹션은 도전적인 질문, 오디오 추천, 자기 성찰 연습을 통해 조금 더 깊이 나아갈 수 있도록 돕기 위한 것입니다. 이 섹션은 선택 사항이므로 모두 사용하거나 일부를 사용하거나 또는 전혀 사용하지 않아도 됩니다.

> 인생의 목적을 찾는 것은 수천 년 동안 사람들을 당황하게 했습니다. 우리가 일반적으로 잘못된 출발점에서 시작했기 때문입니다. 즉 우리 자신입니다. 우리는 '내가 되고 싶은 것은 무엇인가?', '내 인생에서 무엇을 해야 할까?', '내 목표, 야망, 미래의 꿈은 무엇인가?'와 같은 자기 중심적인 질문을 합니다. 그러나 우리 자신에게 집중하는 한 결코 인생의 목적을 발견하지 못할 것입니다. 많은 인기있는 책, 영화, 세미나가 말하는 것과는 달리, 자신 안에서 인생의 의미를 발견하지 못합니다. 당신이 자신을 창조하지 않았기 때문에, 자신이 왜 창조되었는지 스스로에게 말할 수 있는 방법이 없습니다! – 릭 워렌, 목적이 이끄는 삶: 내가 왜 이 땅에 있는가?

생각하기: 돈이 문제가 되지 않는다면, 어떤 인생, 어떤 꿈을 추구하겠습니까? 왜 그렇게 하려는 건가요?

관찰하기: 1800년대 영국에서 노예 무역 폐지를 위해 헌신한 윌리엄 윌버포스의 이야

기를 담은 영화 〈어메이징 그레이스〉를 시청하세요. 그리고 한 사람이 미칠 수 있는 영향에 대해 생각해 보세요.

....
....

고려하기: 한 주 동안, 당신은 어떤 다섯 가지 영역에 시간을 주로 사용하는지 5가지를 적어보세요. 당신의 상위 다섯 영역이 가져다주는 의미와 성취는 무엇인가요?

....
....
....
....

02 성경은 믿을 만한 것입니까?

성경에 대해 어떻게 생각하시나요? 많은 사람들이 성경을 특별한 책이라고 말합니다. 정말 그런가요? 혹시 우리가 성경을 너무 높이 평가하고 있는 건 아닐까요? 누군가는 성경을 '인생의 사용 설명서'라고 부르기도 하고, 또 누군가는 단지 오래된 이야기나 상상 속 이야기로 여깁니다. 왜 이렇게 다른 시선들이 존재할까요?

어떤 사람들은 이렇게 말합니다:

"성경은 인간의 산물일 뿐이지, 신의 산물이 아니야." - 레이 티빙 경, 다빈치 코드

"탈출구를 찾고 있었어." - W.C. 필즈가 임종 때 성경을 읽고 있는 모습을 보고 한 말

"어느 누구도 성경이 말하는 그대로 믿지 않는다. 그들은 항상 성경이 자기 말에 동의한다고 확신한다." - 조지 버나드 쇼, 극작가

당신이 성경에 대해 꼭 세상에 남기고 싶은 한마디는 무엇인가요?

....
....

성경에 대한 이런 당신의 견해는 어디서 왔나요? 설명해 보세요.

....
....

다른 어떤 책과도 비교할 수 없는 책

성경은 오랜 세월 동안 수많은 논쟁과 교파 간의 갈등, 심지어 전쟁의 중심에 있었던 책입니다. 이처럼 성경은 사람들의 마음을 움직이기도 하고 때로는 큰 갈라짐을 불러오기도 했습니다.

> "대부분의 사람들은 이해할 수 없는 성경 구절에 신경 쓰지만, 저는 항상 이해할 수 있는 구절들이 저를 가장 괴롭힌다는 것을 알았습니다." – 마크 트웨인, 작가

성경의 마지막 말들은 거의 2,000년 전에 쓰여졌습니다. 그 이후로 성경은 변하지 않았습니다. 논란도 변하지 않았습니다. 1300년대, 존 위클리프는 당시 표준 성경이었던 라틴어 성경을 영어로 번역하려 했고, 그 일로 파문당할 위험까지 감수해야 했습니다. 그로부터 약 200년 뒤, 마르틴 루터와 같은 시대를 살았던 윌리엄 틴들은 히브리어와 그리스어 원문에서 직접 번역하여 최초의 진정한 영어 성경을 만들어 냈습니다. 그는 누구나 성경을 읽을 수 있어야 한다는 믿음으로 번역을 시도했고, 결국 그 신념 때문에 화형을 당하고 말았습니다.

> "적어도 49억 명의 사람들이 모국어로 성경을 볼 수 있습니다." – wycliffe.net

성경은 분명 우리가 주목할 만한 책입니다. 이 책에 대한 우리의 개인적 신념은 가볍게 넘길 수 없는, 진지한 숙고를 필요로 합니다. 사실 성경을 진지하게 바라보다 보면, 마음속에 여러 가지 질문과 갈등이 생길 수 있습니다.

이제 다음 섹션에서 다룰 내용들을 고려할 때 두 가지 중요한 질문을 떠올릴 수 있습니다.

나는 성경에 대해 무엇을 믿고 있는가?

성경은 내 삶에 어떤 영향을 주었는가, 또는 앞으로 어떤 영향을 줄 것인가?

"성인의 80%가 신성한 문헌 또는 거룩한 서적으로 여기는 책을 물어 보면, (자연스럽게) 성경을 첫 번째로 떠올립니다. 이는 두 번째로 자주 언급되는 경전인 코란의 8%에 비해 10배 높은 비율입니다." - 미국성서협회

성경이란 무엇입니까?

성경은 어떻게 논의하기 시작해야 할까요? 다음의 몇 가지 중요한 통계를 검토해 보세요.

- 사실 성경은 66권의 책으로 구성된 도서관입니다. 이 책들은 '구약'(39권)과 '신약'(27권)으로 나뉩니다.
- 왕, 농부, 철학자, 어부, 시인, 학자 등 40명의 다른 작가들이 1,500년에 걸쳐 이를 썼습니다.
- 성경은 3개 대륙에서 3개의 다른 언어로 쓰였습니다.
- 그럼에도 불구하고, 일관되고 완전한 메시지가 그 페이지를 통해 펼쳐집니다.
- 성경은 다른 어떤 책보다 많은 사람들이 읽고 많은 언어로 출판되었습니다.

이 중 어느 진술이 가장 주목할 만한가요? 왜 그런지 설명해 주세요.

....

....

성경은 왜 쓰여졌습니까?

루스 그레이엄은 언젠가 이렇게 말했습니다.

"잠깐이라도 남편 빌리와 함께할 수 있는 시간이, 다른 누구와 오랜 시간을 보내는 것보다 훨씬 좋아요."

빌리 그레이엄의 아내로서 그녀는 그 말을 삶으로 증명해 냈습니다. 그레이엄 부부는 오랜 결혼 생활 동안 떨어져 지내는 시간이 많았지만, 그 사이를 편지로 채워 가며 서로를 더욱 깊이 이해하고 사랑하게 되었습니다. 자녀들이 어리고 빌리가 몇 달씩 여행을 다닐 때에도 그들의 마음은 편지를 통해 이어졌습니다.

1955년에 빌리는 글래스고에서 루스에게 이렇게 썼습니다.

"당신이 내 마음속에 항상 있다는 것, 당신을 너무 사랑하고, 너무 그리워서 가슴이 아플 정도라는 건 굳이 말하지 않아도 알겠죠…. 하루에도 수없이 당신을 생각하고, 작은 경험 하나하나 당신과 나누고 싶어요."

이 한 장의 편지는, 세상적으로 유명한 인물이 얼마나 진솔하고 연약한 존재였는지를 보여 줍니다. 그는 단지 아내에게 소식을 전하기 위해서만이 아니라, 위로받고 마음을 나누기 위해 글을 썼습니다. 루스 역시 유머와 진심이 담긴 편지로 남편의 짐을 덜어 주었고, 혼자 남은 시간의 외로움은 기도 일기에 그대로 담아 두었습니다. 서로 떨어져 있었지만, 그들의 편지는 오히려 더 깊은 사랑과 헌신을 키워 갔습니다.

그렇다면, 성경도 이와 같지 않을까요?

하나님이 우리와 개인적인 사랑의 관계를 맺기 위해 우리에게 보내신 편지라고 생각해 볼 수 있습니다. 그저 정보를 전달하거나, 교리를 설명하기 위한 책이 아니라, 우리 각자를 향한 하나님의 따뜻한 마음이 담긴 편지 말이에요.

> "당신의 편지는 나를 위로하고 내 마음을 평안하게 해주었어요. 그 편지들을 읽을 때마다 당신이 내 곁에 가까이 있는 것 같아요." - 빌리가 루스에게, 글래스고에서, 1955.

성경의 세 가지 목적

1. 사람들에게 하나님을 계시하기 위해

성경은 유한한 사람들이 무한한 하나님을 알 수 있는 방법을 제공합니다.

> "말씀이 육신이 되어 우리 가운데 거하시매 우리가 그의 영광을 보니 아버지의 독생자의 영광이요 은혜와 진리가 충만하더라"(요 1:14).

> "나의 계명을 지키는 자라야 나를 사랑하는 자니 나를 사랑하는 자는 내 아버지께 사랑을 받을 것이요 나도 그를 사랑하여 그에게 나를 나타내리라"(요 14:21).

하나님은 성경을 사용하여 자신을 계시합니다. 이 말이 당신이 성경을 생각하거나 사용하는 방식에 어떤 영향을 미치나요?

2. 사람들에게 살아가는 방법을 계시하기 위해

> "이 율법책을 네 입에서 떠나지 말게 하며 주야로 그것을 묵상하여 그 안에 기록된 대로 다 지켜 행하라 그리하면 네 길이 평탄하게 될 것이며 네가 형통하리라"(수 1:8).

성경이 오늘날의 세상에서 실용적이고 의미 있다고 생각합니까, 의미 없다고 생각합니까? 왜 그렇게 생각하나요?

오늘날 우리는 신약성경의 고대 그리스어 사본을 5,600여 개나 가지고 있습니다. 게다가 라틴어, 콥트어 등 다양한 고대 언어로 된 사본까지 합치면 그 수는 약 19,000개에 이릅니다. 그중 일부는 2세기까지 거슬러 올라갈 만큼 오래되었고, 특히 요한복음은 처음 쓰인 시점에서 불과 29년 뒤에 만들어진 파피루스 조각도 발견되었습니다. 신약 전체가 담긴 완전한 사본은 4세기까지 거슬러 올라갑니다. 이처럼 방대한 수의 고대 사본이 남아 있는 문서는 거의 없습니다.

이를 다른 고대 문헌들과 비교해 보면 그 차이는 더욱 분명해집니다. 예를 들어, 고대 문학 작품 중 가장 잘 보존되었다고 여겨지는 호메로스의 《일리아드》조차 남아 있는 사본의 수는 약 643개에 불과합니다. 게다가 《일리아드》는 기원전 8세기에 쓰인 것으로 추정되지만, 현존하는 사본은 그보다 훨씬 뒤에 만들어진 것입니다. 이러한 비교는 성경이 얼마나 신뢰할 만한 역사적 문서인지 다시금 생각하게 해줍니다. - 조시 맥도웰

3. 시간을 통해 하나님이 사람들과 어떻게 상호작용하는지 계시하기 위해

"옛적에 선지자들을 통하여 여러 부분과 여러 모양으로 우리 조상들에게 말씀하신 하나님이"(히 1:1).

"무엇이든지 전에 기록된 바는 우리의 교훈을 위하여 기록된 것이니 우리로 하여금 인내로 또는 성경의 위로로 소망을 가지게 함이니라"(롬 15:4).

그 당시 하나님이 사람들과 소통하신 방법은, 하나님의 성품에 대해 어떤 점을 보여 준다고 생각하나요?

성경은 믿을 만합니까?

성경 전달하기

오늘날 우리는 성경을 쉽게 접할 수 있지만, 사실 성경은 인쇄기가 발명되기 천 년 이상 전부터 존재해 왔습니다. 그 시절 말씀을 보존하는 일은 쉽지 않았습니다. 단어 하나하나가 파피루스 위에 정성스럽게 손으로 필사되었고, 그 원고를 실제로 볼 수 있었던 사람은 극히 일부였습니다. 그 특권은 주로 종교 지도자들에게만 허락되었습니다. 수백 년 동안 유대인 서기관들은 이 소중한 글들을 지키기 위해 놀라울 정도로 정밀하고 신중하게 필사 작업을 이어 갔습니다. 정해진 규칙은 매우 엄격했습니다. 글자 하나, 음절 하나라도 잘못 기록되면 전체 사본을 폐기하고 처음부터 다시 시작해야 했습니다. 이러한 철저한 헌신은 이후 초기 기독교인들에게도 이어졌습니다. 그들은 같은 정성과 주의로 성경을 다음 세대에 전했고, 이로 인해 우리는 오늘날까지도 신뢰할 수 있는 하나님의 말씀을 만날 수 있게 된 것입니다.

> "아마도 사해 두루마리가 가장 큰 성경적 영향을 미쳤을 것입니다. 사해 두루마리는 이전에 우리가 가진 가장 오래된 사본보다 약 1,000년 더 오래된 구약성경 사본을 제공했습니다. 사해 두루마리는 이 간격 동안 구약성경이 정확하게 전달되었음을 입증했습니다. 또한 그들은 그리스도의 삶에 이르는 시기와 그 기간에 대한 풍부한 정보를 제공합니다" - 브라이언트 우드 박사, 고고학자

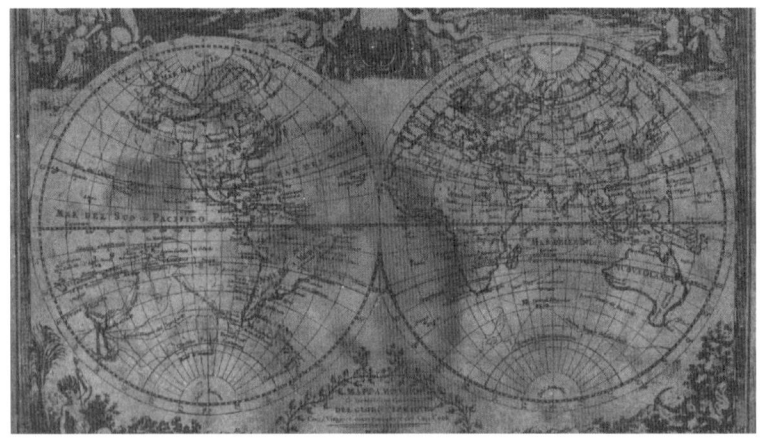

"성경의 페이지에는 약 2,500개의 예언이 등장하며, 그중 약 2,000개는 오류 없이 문자 그대로 성취되었습니다. 이러한 예언 중 하나가 우연히 성취될 확률은 평균적으로 10분의 1 미만이며, 예언들은 대부분 서로 독립적이기 때문에 이러한 예언들이 모두 오류 없이 우연히 성취될 확률은 10의 2000제곱보다 적습니다!" - 휴 로스, 천체 물리학자(reasons.org)

성취된 예언

예수님이 하나님의 아들이라는 주장은 그냥 나온 말이 아닙니다. 수백 년 전부터 기록되어 온 수많은 예언이 예수님의 삶을 통해 실제로 이루어졌다는 사실이 그 주장의 뒷받침이 됩니다.

예를 들어, 테드 J. 브라지어의 책 *Get the Point: Plotting the Way Back to Life*에서는 이런 흥미로운 비유를 소개합니다.

"만약 우리가 10의 17제곱 개의 은화를 가지고 있고, 그것을 텍사스 전역에 뿌린다면 그 땅은 약 2피트(약 60cm) 깊이로 은화에 뒤덮일 거예요. 이 중 하나에 표시를 해 두고, 무작위로 섞습니다. 그다음 어떤 사람의 눈을 가리고 그가 어디든 자유롭게 다니다가 딱 하나를 집어 올려서 그 표시된 은화를 정확히 골라야 한다면… 그 확률은 거의 불가능에 가깝겠지요."

이 비유는 단지 8개의 예언이 한 사람, 예수님에게서 모두 성취될 확률이 그만큼 희박하다는 것을 설명해 줍니다. 예수님에 대한 예언과 그 성취는 단순한 우연이 아니라 정말로 놀라운 정확성과 일치를 보여 줍니다.

다음은 예수님에 대해 예언된 내용들과 그 예언이 어떻게 실제로 이루어졌는지를 간단히 정리한 내용입니다. 이것을 통해, 성경의 메시지가 얼마나 신뢰할 수 있는지를 살펴볼 수 있을 것입니다.

예수 그리스도에 대한 예언

출생지	예언: "베들레헴 에브라다야 너는 유다 족속 중에 작을지라도 이스라엘을 다스릴 자가 네게서 내게로 나올 것이라 그의 근본은 상고에, 영원에 있느니라"(미 5:2 기원전 700년).
	성취: "헤롯 왕 때에 예수께서 유대 베들레헴에서 나시매 동방으로부터 박사들이 예루살렘에 이르러 말하되"(마 2:1).
처녀에게서 태어남	예언: "그러므로 주께서 친히 징조를 너희에게 주실 것이라 보라 처녀가 잉태하여 아들을 낳을 것이요 그의 이름을 임마누엘이라 하리라"(사 7:14, 기원전 700년).
	성취: "예수 그리스도의 나심은 이러하니라 그의 어머니 마리아가 요셉과 약혼하고 동거하기 전에 성령으로 잉태된 것이 나타났더니"(마 1:18).
그의 승리의 입성	예언: "시온의 딸아 크게 기뻐할지어다 예루살렘의 딸아 즐거이 부를지어다 보라 네 왕이 네게 임하시나니 그는 공의로우시며 구원을 베푸시며 겸손하여서 나귀를 타시나니 나귀의 작은 것 곧 나귀 새끼니라"(슥 9:9, 기원전 500년).
	성취: "종려나무 가지를 가지고 맞으러 나가 외치되 호산나 찬송하리로다 주의 이름으로 오시는 이 곧 이스라엘의 왕이시여 하더라 예수는 한 어린 나귀를 보고 타시니"(요 12:13-14).
친구에게 배신당함	예언: "내가 신뢰하여 내 떡을 나눠 먹던 나의 가까운 친구도 나를 대적하여 그의 발꿈치를 들었나이다"(시 41:9, 기원전 1000년).
	성취: "열둘 중의 하나인 가룟 유다가 예수를 넘겨 주려고 대제사장들에게 가매"(막 14:10).
거절당함	예언: "그는 멸시를 받아 사람들에게 버림 받았으며 간고를 많이 겪었으며 질고를 아는 자라 마치 사람들이 그에게서 얼굴을 가리는 것 같이 멸시를 당하였고 우리도 그를 귀히 여기지 아니하였도다"(사 53:3, 기원전 700년).
	성취: "자기 땅에 오매 자기 백성이 영접하지 아니하였으나"(요 1:11).
죄인들과 함께 십자가에 못 박힘	예언: "그러므로 내가 그에게 존귀한 자와 함께 몫을 받게 하며 강한 자와 함께 탈취한 것을 나누게 하리니 이는 그가 자기 영혼을 버려 사망에 이르게 하며 범죄자 중 하나로 헤아림을 받았음이니라 그러나 그가 많은 사람의 죄를 담당하며 범죄자를 위하여 기도하였느니라"(사 53:12, 기원전 700년).
	성취: "이때에 예수와 함께 강도 둘이 십자가에 못 박히니 하나는 우편에, 하나는 좌편에 있더라"(마 27:38).
손과 발이 찔림	예언: "개들이 나를 에워쌌으며 악한 무리가 나를 둘러 내 수족을 찔렀나이다"(시 22:16, 기원전 1000년).
	성취: "도마에게 이르시되 네 손가락을 이리 내밀어 내 손을 보고 네 손을 내밀어 내 옆구리에 넣어 보라 그리하여 믿음 없는 자가 되지 말고 믿는 자가 되라"(요 20:27).
부활하심	예언: "이는 주께서 내 영혼을 스올에 버리지 아니하시며 주의 거룩한 자를 멸망시키지 않으실 것임이니이다"(시 16:10, 기원전 1000년).
	성취: "생명의 주를 죽였도다 그러나 하나님이 죽은 자 가운데서 그를 살리셨으니 우리가 이 일에 증인이라"(행 3:15).
승천하심	예언: "주께서 높은 곳으로 오르시며 사로잡은 자들을 취하시고 선물들을 사람들에게서 받으시며 반역자들로부터도 받으시니 여호와 하나님이 그들과 함께 계시기 때문이로다"(시 68:18, 기원전 1000년).
	성취: "이 말씀을 마치시고 그들이 보는데 올려져 가시니 구름이 그를 가리어 보이지 않게 하더라"(행 1:9).

성경은 스스로에 대해 무엇이라고 할까요?

한 가지 상황을 상상해 보세요. 당신이 팀에서 가장 뛰어난 직원에게 이메일을 씁니다. 최근 프로젝트에서 보여 준 탁월한 성과를 진심으로 칭찬하고 싶은 마음에서 말이죠. 그 사람의 노력에 감사할 뿐 아니라, 그가 얼마나 소중한 사람인지 또 당신이 그것을 분명히 알고 있다는 걸 전하고 싶어 단어 하나하나를 신중하게 고릅니다. 이메일을 보내기 전, 당신은 그 초안을 신뢰하는 동료에게 보여 줍니다.

그런데 뜻밖의 일이 벌어집니다. 그날 오후, 그 직원이 사직서를 제출한 겁니다. 당신은 놀란 마음에 그에게 조심스럽게 말을 꺼냅니다. "사실, 오늘 당신에게 감사의 메시지를 보낼 예정이었어요." 그러자 그가 머뭇거리며 대답합니다. "그 이메일에 대해 들었습니다. 하지만 최근에 제가 해고될 거라는 소문이 돌았거든요. 그래서 혹시 몰라 미리 다른 곳을 알아봤습니다." 당신의 진심은 잘 전달되지 못했고, 오히려 오해를 낳고 말았습니다. 진심이 담긴 글이 직접 전달되지 못하면 때로는 이런 안타까운 결과를 불러올 수 있죠.

이처럼, 하나님께서 우리에게 직접 말씀하셨다면 그분의 말씀 역시 먼저 그 자체로 들을 기회를 가져야 하지 않을까요? 물론, 다양한 해석과 설명도 도움이 됩니다. 하지만 그보다 앞서 성경이 성경에 대해 무엇을 말하는지 먼저 귀 기울이는 것이 중요합니다. 예를 들어, 사도 바울이 그의 제자 디모데에게 쓴 편지 속에는 성경의 본질에 대한 깊은 통찰이 담겨 있습니다.

> "그러나 너는 배우고 확신한 일에 거하라 너는 네가 누구에게서 배운 것을 알며 또 어려서부터 성경을 알았나니 성경은 능히 너로 하여금 그리스도 예수 안에 있는 믿음으로 말미암아 구원에 이르는 지혜가 있게 하느니라 모든 성경은 하나님의 감동으로 된 것으로 교훈과 책망과 바르게 함과 의로 교육하기에 유익하니 이는 하나님의 사람으로 온전하게 하며 모든 선한 일을 행할 능력을 갖추게 하려 함이라"(딤후 3:14-17).

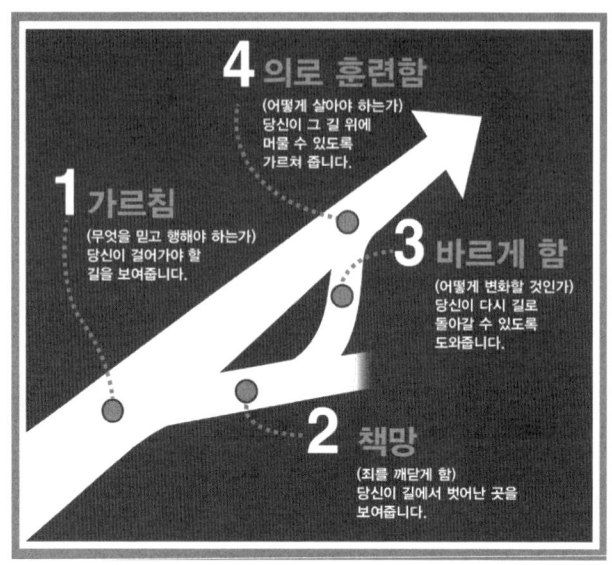

바울이 성경의 내용이 하나님의 감동으로 되었다고 말한 의미는 무엇인가요?

....

....

이 장의 내용을 바탕으로, 당신은 성경을 어떤 책이라고 생각하게 되었나요?

....

....

구약성경에서만 해도, 저자들은 자신이 하나님의 말을 쓰거나 말하고 있다고 주장하는 경우가 2,600번 이상 있습니다. 신약성경에서 사도 베드로는 이 사람들을 이렇게 언급합니다.

"또 우리에게는 더 확실한 예언이 있어 어두운 데를 비추는 등불과 같으니 날이 새어 샛별이 너희 마음에 떠오르기까지 너희가 이것을 주의하는 것이 옳으니라 먼저 알 것은 성경의 모든 예언은 사사로이 풀 것이 아니니 예언은 언제든지 사람의 뜻으로 낸 것이 아니요 오직 성령의 감동하심을 받은 사람들이 하나님께 받아 말한 것임이라"(벧후 1:19-21).

이 구절들에 따르면, 예언은 어디에서 비롯되었나요?

....
....

이 장을 통해 성경에 대한 당신의 관점에 변화가 있다면 그것은 무엇입니까?

....
....

성경의 신뢰성에 대해 여전히 남아 있는 질문이나 우려는 무엇인가요?

....
....

듣기: 켄 보아의 "성경은 정말 신뢰할 수 있는가"

관련 자료

"The New Evidence that Demands a Verdict", 조시 맥도웰
www.jcstudies.com
"How Can the Bible be Authoritative?" by N.T. Wright
Navigating the Bible

더 깊이 들어가기

이 섹션은 도전적인 질문, 오디오 추천, 자기 성찰 연습을 통해 조금 더 깊이 나아갈 수 있도록 돕기 위한 것입니다. 이 섹션은 선택 사항이므로 모두 사용하거나 일부를 사용하거나 또는 전혀 사용하지 않아도 됩니다.

생각하기: 성경을 신뢰할 수 없다고 말하는 사람에게 어떻게 대답하겠습니까?

....
....

검토하기: 아이리시 록 밴드 U2의 "A Celebration"을 들어 보세요. 이 노래의 가사에 성경의 진리에 대한 메시지가 있나요?

....
....

03

하나님은 어디 계십니까?

'하나님이 존재한다면, 내가 정말로 필요할 때 그분은 어디 계시는 걸까? 나에게는 질문과 어려움 그리고 필요한 것들이 있는데, 하나님이 그것들을 알고 계신가? 그분은 내 일상생활에 관여하고 계실까? 그분은 정말로 나에게 관심을 가지고 계신가?'

어떤 사람들은 이렇게 말합니다.

"지금 이 순간, 하나님이 그분의 모든 찬란함으로 존재한다는 것이 증명된다 해도, 내 행동의 단 하나도 바뀌지 않을 것이다." - 루이스 부뉴엘, 스페인 영화감독

"기독교가 참이라면 무한한 중요성을 지니고, 거짓이라면 전혀 중요하지 않다. 중간 정도로 중요한 것은 불가능하다." - C. S. 루이스, 교수, 작가

"오늘날 많은 사람들의 문제는 현대의 필요를 충족시킬 만큼 충분히 크신 하나님을 찾지 못했다는 것이다." - J. B. 필립스, 영국 신학자

"너에게 나는 무신론자일 수도 있다. 하지만 하나님에게 나는 충성된 반대자이다."
– 우디 앨런, 배우

하나님에 대한 당신의 주된 생각은 무엇입니까?

....

....

하나님은 우리 삶에 관여하고 계실까요?

크리스토퍼 히친스는 그의 책 《포터블 무신론자》에서, 존재하는 하나님과 우리 삶에 개입하는 하나님을 구분해서 이야기합니다. 그는 오늘날의 대표적인 무신론자로서, 자신의 주된 논쟁 대상은 단순히 하나님의 존재 그 자체보다는 삶에 실제로 개입하는 하나님이라고 말합니다. 그는 신앙이란 결국 하나님이 어떤 뜻을 가지고 계시고, 그 뜻을 인간이 알 수 있다는 것을 전제로 한다고 말합니다.

그렇다면, 우리가 하나님에 대해 고민할 때 '하나님이 계신가?'보다 '하나님이 지금도 내 삶에 관여하시는가?'라는 질문이 더 중요한지도 모릅니다. 믿음을 가진 사람들은 하나님이 자신의 삶에 함께하신다고 믿습니다. 하지만 일상 속에서 우리는 때로 많은 질문에 부딪칩니다.

실제로 관여하시는 것 맞나요? 하나님은 지금 어디에 계신가요? 고통받는 사람을 보며, 슬픈 일을 겪으며 묻습니다. "하나님, 정말 계신 거 맞나요?" 그럴 때 우리는 혼란스럽거나, 때로는 회의적인 감정에 빠지게 됩니다. 하지만 성경은 말합니다. 하나님은 지금도 말씀하시고, 우리 삶에 직접적으로 관심을 갖고 계신다고요.

그렇다면, 하나님이 우리 삶에 관련이 있다는 건 어떤 의미일까요? 우리의 일상에서 그것은 어떻게 나타날 수 있을까요?

하나님에 대한 전형적인 견해

- 재미없게 하는 존재 - 하나님은 나를 제한하고 내가 즐거움을 누리지 못하게 한다.
- 자애로운 할아버지 - 하나님은 내가 잘못했을 때 무관심하게 머리를 토닥인다.
- 마법의 요정 - 하나님은 합리적인 모든 요청을 들어준다.
- 화난 심판관 - 하나님은 내가 잘못할 때마다 벌을 내릴 준비가 되어 있다.

당신은 하나님을 어떻게 묘사하겠습니까?

....
....

진실은,

- 하나님이 주신 한계는 우리를 보호하기 위한 것입니다.
- 하나님은 죄와 불순종에 대해 크게 화를 내십니다.
- 하나님은 무엇이 최선인지를 아시며, 그분의 완전한 지식과 더 큰 목적에 따라 내가 요구하는 것을 지혜롭게 주지 않으실 수 있습니다.
- 하나님은 거룩하고 공의로우시지만, 또한 사랑 많고 용서하시는 아버지입니다.

당신의 개인적인 삶과 관심사에 하나님이 얼마나 관여하신다고 생각하십니까?

....
....

깊이 생각하고 점검하기

다음의 분야 중에서 현재 당신에게 가장 큰 도전이 되는 영역은 무엇인가요?(예: 관계, 직업, 결혼, 재정, 자녀, 가족, 교육, 기타)

관계

....

직업

....

결혼

....

재정

....

자녀

....

가족

....

교육

....

기타

....

왜 이러한 것이 도전적이라고 생각합니까?

....

....

생각할 거리

갤럽과 다른 여론조사들에 따르면, 미국인의 90%가 초월적 존재를 믿고 있다고 합니다. 동시에 사람들은 인생의 어려움에 직면했을 때 하나님을 의지하는 비율이 감소하고 있다고 합니다.

이 불일치를 설명해 보세요.

....
....

하나님은 나를 알고 계십니까?

하나님이 관련이 있는지 여부와 상관없이, 하나님은 전능하고 전지전능하십니다.

다음 문장을 완성해 보세요.

하나님이 나를 완전히 아신다면, 조금 무서울 것입니다. 왜냐하면,

....

하나님이 나를 완전히 아신다면, 격려가 될 것입니다. 왜냐하면,

....

하나님은 당신의 고난을 알고 계십니다

"우리가 아무리 성공을 거두더라도, 인생의 불가피한 문제들이 다가올 때면 의심들이 그림자 속에서 숨어 있다가 언제든지 우리를 덮칠 준비를 합니다. 우리는 모든 것을 지

키려고 애쓰지만, 그 압박감은 종종 가슴을 조이는 띠처럼 느껴집니다. 때로는 우리의 채무와 책임의 무게가 너무 무겁게 느껴져서, 우리의 내면의 자세가 구부러져 있습니다. 비록 세상에는 굳게 서 있는 척하더라도 말입니다." - 패트릭 몰리, 거울 속의 남자

하나님의 관련성에 대한 질문에서, 일, 관계, 돈, 위기의 맥락에서 삶을 살펴보겠습니다.

몰리의 묘사가 어느 정도 당신을 묘사합니까? 설명해 보세요.

....

....

하나님과 일

골로새서 3:23-25는 일하는 사람들에게 다음과 같이 지시합니다. "무슨 일을 하든지 마음을 다하여 주께 하듯 하고 사람에게 하듯 하지 말라 이는 유업의 상을 주께 받을 줄 아나니 너희는 주 그리스도를 섬기느니라 불의를 행하는 자는 불의의 보응을 받으리니 주는 사람을 외모로 취하지 아니하시느니라."

"만약 당신이 거리를 빗자루로 쓴다면, 미켈란젤로가 그림을 그린 것처럼, 셰익스피어가 시를 쓴 것처럼, 베토벤이 음악을 작곡한 것처럼 거리를 쓸어라. 하늘과 땅의 모든 무리가 멈추고 '여기에 일을 잘하는 훌륭한 거리 청소부가 살았다'라고 말할 정도로 거리를 쓸어라." - 마틴 루터 킹 주니어

골로새서 3:23-25에 하나님이 일에 대해 주신 원칙은 무엇입니까?

....

....

사람들이 이 원칙을 따르면 세상이 어떻게 변할까요?

....
....

당신이 이 구절에서 묘사된 기준을 따른다면, 당신의 일상 생활은 구체적으로 어떻게 변할까요?

....
....

하나님과 관계들

당신의 중요한 관계들을 생각해 보고, 가장 중요한 다섯 사람을 나열해 보세요.

....
....

사도 바울의 유명한 말씀에 비추어 생각해 보세요.

"사랑은 오래 참고 사랑은 온유하며 시기하지 아니하며 사랑은 자랑하지 아니하며 교만하지 아니하며 무례히 행하지 아니하며 자기의 유익을 구하지 아니하며 성내지 아니하며 악한 것을 생각하지 아니하며 불의를 기뻐하지 아니하며 진리와 함께 기뻐하고 모든 것을 참으며 모든 것을 믿으며 모든 것을 바라며 모든 것을 견디느니라"(고전 13:4-7).

당신이 언급한 중요한 사람들과의 관계의 질은 위의 말씀과 어떻게 비교되나요?

....
....

묘사된 사랑의 특성 중 어느 것이 당신에게 가장 큰 도전이 됩니까?

....
....

"남편들아 아내 사랑하기를 그리스도께서 교회를 사랑하시고 그 교회를 위하여 자신을 주심 같이 하라"(엡 5:25).

에베소서 5:25에 나오는 설명에 일치하는 결혼 관계를 본 적이 있습니까? 설명해 보세요.

....
....

"성경은 '관계'라는 한 단어로 묘사될 수 있습니다." - 켄 보아, 작가

성경에 나타난 관계에 대한 하나님의 관점은 무엇을 가장 중요하게 말합니까?

....
....

하나님과 돈

이 두 단어를 함께 들으면, 종종 텔레비전 복음 전도자의 스캔들이나 십일조 설교

에 대한 불편한 기억이 떠오릅니다. 이런 주제는 심야 토크쇼의 농담거리기도 하고, 남부 소설의 풍자 소재로도 자주 등장하죠. 사실 우리는 '하나님과 돈'에 대해 이야기하는 걸 꺼립니다. 많은 사람들이 이 주제를 공적인 대화에서 피해야 할 민감한 이야기로 여깁니다. 그렇다면 이 주제는 그냥 건드리지 않는 게 좋을까요? 하나님께서도 우리가 그저 얌전하게 행동하고, 이 부분은 말하지 않기를 바라실까요?

그런데 성경을 보면 놀라운 사실을 알 수 있습니다. 성경은 돈에 대해 매우 자주 이야기합니다. 무려 2,300개 이상의 구절에서 돈과 관련된 내용을 다루고 있죠. 왜일까요? 돈을 어떻게 다루느냐는 우리의 마음과 가치관을 가장 분명하게 보여 주는 요소 중 하나이기 때문입니다. 오늘날 재정 문제는 매우 복잡합니다. 그렇다면 질문이 생깁니다. "성경 같은 오래된 책이 과연 지금의 돈 문제에 대해 도움이 될 수 있을까?" "정말 여전히 관련이 있을까?"

이런 물음에 대한 답을 함께 생각해 보는 건, 꽤 의미 있는 일이 될 수 있습니다.

성경은 돈에 대해서 다음과 같이 말합니다.

"부자는 가난한 자를 주관하고, 빚진 자는 채주의 종이 되느니라"(잠 22:7).

"우리가 세상에 아무것도 가지고 온 것이 없으매 또한 아무것도 가지고 가지 못하리니"(딤전 6:7).

"은을 사랑하는 자는 은으로 만족하지 못하고 풍요를 사랑하는 자는 소득으로 만족하지 아니하나니 이것도 헛되도다"(전 5:10).

"네 보물 있는 그 곳에는 네 마음도 있느니라"(마 6:21).

오늘날 이러한 말씀이 적용되는 사례를 들 수 있습니까?

....
....

이 장에서 다룬 일, 관계, 돈 중 어떤 문제가 당신에게 가장 큰 걱정을 불러일으킵니까? 설명해 보세요.

....
....

하나님과 위기 관리

사람들이 "당신을 생각하고 있어요"라고 말할 때가 있습니다. 대개는 우리가 겪는 고난 앞에서 뭐라고 말해야 할지 모르거나 그 상황이 너무 무겁고 두려워서 조심스러울 때 그렇게 말하곤 합니다. 누군가가 우리를 생각해 준다는 사실은 분명 위로가 됩니다. 하지만 그 말이 우리의 고통을 실제로 덜어 줄 수 있을까요?

고난 중에 있을 때, 성경도 그저 그런 식으로 말하는 것일까요? 하나님의 말씀은 우리가 마음이 무너지고 깊이 상처받는 순간에 아무 힘이 없는 걸까요? 어쩌면 성경 속에는 '진리'는 있을지 모르지만, 정말 우리 마음을 어루만질 수 있는 '위로'도 함께 있을까요? 답이 있더라도, 그 답은 우리가 납득하고 받아들일 수 있을 만큼 진짜일까요?

만약 하나님께서 정말 우리를 생각하고 계신다면, 그분의 마음은 과연 어떤 마음일까요?

> "이것을 너희에게 이르는 것은 너희로 내 안에서 평안을 누리게 하려 함이라 세상에서는 너희가 환난을 당하나 담대하라 내가 세상을 이기었노라"(요 16:33).

> "아무것도 염려하지 말고 다만 모든 일에 기도와 간구로, 너희 구할 것을 감사함으로 하나님께 아뢰라 그리하면 모든 지각에 뛰어난 하나님의 평강이 그리스도 예수 안에서 너희 마음과 생각을 지키시리라"(빌 4:6-7).

고난 가운데서 하나님의 개인적인 관심을 느낀 적이 있습니까?

....

....

하나님을 신뢰할 수 있습니까?

인생은 우리에게 회의를 가르칩니다. 우리가 어디를 돌아보든, 누군가가 우리를 이용하려는 것처럼 보입니다. 우리를 상처 주고 실망시킬 수 있는 사람들의 리스트는, 예를 들어 스팸 전단지, 텔레마케터, 기회를 노리는 동료, 기만적인 사업 파트너, 이기적인 친척들 등 끝이 없습니다.

사람들에 대한 우리의 불신은 하나님을 신뢰하는 능력에 어떻게 영향을 미칩니까? 설명해 보세요.

....

....

사람들은 의견과 충성을 철회할 수 있지만, 하나님은 결코 당신을 실망시키지 않을 것입니다.

"그가 친히 말씀하시기를 내가 결코 너희를 버리지 아니하고 너희를 떠나지 아니하리라 하셨느니라…예수 그리스도는 어제나 오늘이나 영원토록 동일하시니라"(히 13:5b, 8).

이 구절은 하나님의 성품에 대해 무엇을 드러내고 있습니까?

....

....

신명기 31장 6-9절을 읽으세요.

"너희는 강하고 담대하라 두려워하지 말라 그들 앞에서 떨지 말라 이는 네 하나님 여호와 그가 너와 함께 가시며 결코 너를 떠나지 아니하시며 버리지 아니하실 것임이라 하고 모세가 여호수아를 불러 온 이스라엘의 목전에서 그에게 이르되 너는 강하고 담대하라 너는 이 백성을 거느리고 여호와께서 그들의 조상에게 주리라고 맹세하신 땅에 들어가서 그들에게 그 땅을 차지하게 하라 그리하면 여호와 그가 네 앞에서 가시며 너와 함께 하사 너를 떠나지 아니하시며 버리지 아니하시리니 너는 두려워하지 말라 놀라지 말라 또 모세가 이 율법을 써서 여호와의 언약궤를 메는 레위 자손 제사장들과 이스라엘 모든 장로에게 주고"(신 31:6-9).

이 구절은 어려움에 대해 어떻게 반응하라고 말하고 있습니까?

....

....

하나님은 무엇을 중요시하십니까?

당신이 하나님에 대해 얼마나 많이 알든지 상관없이, 하나님은 당신을 깊이 아십니다.

"여호와여 주께서 나를 살펴보셨으므로 나를 아시나이다 주께서 내가 앉고 일어섬을 아시고 멀리서도 나의 생각을 밝히 아시오며 나의 모든 길과 내가 눕는 것을 살펴 보셨으므로 나의 모든 행위를 익히 아시오니 여호와여 내 혀의 말을 알지 못하시는 것이 하나도 없으시니이다 주께서 나의 앞뒤를 둘러싸시고 내게 안수하셨나이다 이 지식이 내게 너무 기이하니 높아서 내가 능히 미치지 못하나이다 내가 주의 영을 떠나 어디로 가며 주의 앞에서 어디로 피하리이까 내가 하늘에 올라갈지라도 거기 계시며 스올에 내 자리를 펼지라도 거기 계시니이다"(시 139:1-8a).

이 구절에 따르면, 하나님은 우리에게 얼마나 관심이 있습니까?

....

....

하나님은 일상에서 어떤 구체적인 방법으로 개별적인 관여를 하고 계신가요?

....

....

"그러므로 내가 너희에게 이르노니 목숨을 위하여 무엇을 먹을까 무엇을 마실까 몸을 위하여 무엇을 입을까 염려하지 말라 목숨이 음식보다 중하지 아니하며 몸이 의복보다 중하지 아니하냐 공중의 새를 보라 심지도 않고 거두지도 않고 창고에 모아들이지도 아니하되 너희 하늘 아버지께서 기르시나니 너희는 이것들보다 귀하지 아니하냐 너희 중에 누가 염려함으로 그 키를 한 자라도 더할 수 있겠느냐 또 너희가 어찌 의복을 위하여 염려하느냐 들의 백합화가 어떻게 자라는가 생각하여 보라 수고도 아니하고 길쌈도 아니하느니라 그러나 내가 너희에게 말하노니 솔로몬의 모든 영광으로도 입은 것이 이 꽃 하나만 같지 못하였느니라 오늘 있다가 내일 아궁이에 던져지는 들풀도 하나님이 이렇게 입히시거든 하물며 너희일까 보냐 믿음이 작은 자들아 그러므로 염려하여 이르기를 무엇을 먹을까 무엇을 마실까 무엇을 입을까 하지 말라 이는 다 이방인들이 구하는 것이라 너희 하늘 아버지께서 이 모든 것이 너희에게 있어야 할 줄을 아시느니라 그런즉 너희는 먼저 그의 나라와 그의 의를 구하라 그리하면 이 모든 것을 너희에게 더하시리라 그러므로 내일 일을 위하여 염려하지 말라 내일 일은 내일이 염려할 것이요 한 날의 괴로움은 그날로 족하니라"(마 6:25-34).

하나님은 우리에게 일, 관계, 돈, 위기 관리에 대한 지침을 제공할 정도로 우리를 아끼십니다. 그는 우리의 삶에 깊게 관여하고 계십니다.

하나님은 어떤 약속을 하셨습니까? 이 약속들은 당신의 삶에 어떻게 관련이 있습니까?

....

....

듣기: "It's not as Bad as you think" by Philip De Courcy

관련 자료

Man in the Mirror, Pat Morley

Disappointment with God, Philip Yancey

The One Year Book of Hope, Nancy Guthrie

더 깊이 들어가기

이 섹션은 도전적인 질문, 오디오 추천, 자기 성찰 연습을 통해 조금 더 깊이 나아갈 수 있도록 돕기 위한 것입니다. 이 섹션은 선택 사항이므로 모두 사용하거나 일부를 사용하거나 또는 전혀 사용하지 않아도 됩니다.

생각하기: 하나님이 그렇게 많이 아끼신다면, 왜 때때로 삶이 그렇게 힘들까요?

....

....

고려하기: 이 세션에서 논의된 문제 중 어떤 것이 당신에게 가장 큰 어려움을 줍니까? 하나님이 당신을 도와주기를 원하는 것은 무엇입니까?

....
....

레이첼 람파(Rachel Lampa)의 In God We trust를 들으세요. 이 노래의 가사가 당신에게 어떻게 적용될 수 있습니까?

....
....

04 예수님은 누구십니까?

비즈니스 점심 식사나 저녁 파티 자리에서 "예수님은 누구신가요?"라는 질문을 던진다면, 아마도 어색한 침묵이 흐를 것입니다. '하나님'이라는 단어는 여전히 대부분의 사회적 대화에서 받아들여질 수 있지만, '예수님'을 언급하는 순간 분위기는 묘하게 바뀝니다. 왜 그럴까요? 예수님에 대한 말은 사람들의 마음속 깊은 곳을 건드리는 어떤 힘이 있기 때문입니다. 어쩌면 예수님은 사람들로 하여금 자신의 삶을 더 진지하게 돌아보게 만들기 때문일지도 모릅니다.

예수님이 논쟁의 중심이라면, 우리 또한 그분에 대한 우리의 생각을 다시 한번 돌아볼 필요가 있지 않을까요? 우리는 정말 그분과의 관계 안에서 무관심하거나 무미건조하게 받아들일 자유가 있는 걸까요?

우리는 흔히, 고정된 틀에 갇혀 다른 관점을 받아들이지 못하는 사람들을 '폐쇄적'이라고 부릅니다. 또는 '율법주의자'라고도 하죠. 예수님의 시대에도 그런 사람들이 있었습니다. 바로 바리새인들이었습니다. 그들은 당시 사회에서 엘리트였고 존경받는 종교 지도자들이었습니다. 아이러니하게도, 그 누구보다도 하나님을 잘 안다고 생각했던 그들이 정작 하나님이신 예수님을 눈앞에 두고도 알아보지 못했습니다.

예수님이 오셨을 때, 그들은 가장 먼저 알아볼 사람들이어야 했지만… 결국 가장 크게 반대한 사람들이 되었습니다.

어떤 사람들은 이렇게 말합니다.

"세월이 흐르면서 역사에 미친 그의 영향력으로 측정했을 때 예수가 이 지구상에서 살았던 가장 영향력 있는 인물이라는 증거가 축적되고 있습니다." - 케네스 스콧 라투렛, 역사학자

"저는 역사학자입니다. 저는 신앙인은 아니지만, 역사가로서 이 나사렛의 무일푼 설교자가 역사상 가장 중심적인 인물이라는 것을 고백해야 합니다. 예수 그리스도는 역사상 가장 지배적인 인물입니다." - H.G. 웰스, 영국 작가

"어렸을 때 성경과 탈무드에 대한 교육을 받았습니다. 저는 유대인이지만, 그 나사렛의 빛나는 인물에 매료되었습니다. 복음을 읽으면 예수님의 실제 존재를 느낄 수 있습니다. 그의 인격은 모든 단어에 맥박이 되어 뛰고 있습니다. 어떤 신화도 그런 생명력으로 가득 차 있지 않습니다." - 알베르트 아인슈타인, 물리학자

"나는 인간을 알고, 여러분에게 말합니다. 예수 그리스도는 단지 인간이 아니었습니다… 알렉산더, 카이사르, 샤를마뉴, 그리고 나는 제국을 세웠습니다. 그러나 우리가 우리의 천재성으로 창조한 것들은 무엇에 의지했습니까? 그것은 힘이었습니다. 예수 그리스도만이 그의 제국을 사랑 위에 세웠습니다. 그리고 지금 이 순간에도 수백만 명의 사람들이 그를 위해 죽을 준비가 되어 있습니다." - 나폴레옹, 워털루에서 패배한 후

"단지 인간에 불과한 사람이 예수님이 하신 종류의 말을 했다면 그는 위대한 도덕적 교사가 아닐 것입니다. 그는 미친 사람일 것입니다―자기 자신을 삶은 달걀이라 말하는 사람과 같은 수준이죠―아니면 그는 지옥의 악마일 것입니다. 우리는 선택해야 합니다. 이 사람은 하나님의 아들이었거나, 아니면 미친 사람이거나, 더 나쁜 존재였을 것입니다. 그를 바보로 취급하거나 그의 발 앞에 무릎을 꿇고 그를 주님이시자 하나님이라고 부를 수 있습니다. 하지만 그가 위대한 인간 교사라는 식의 후한 평가를 해서는 안 됩니다. 그는 그런 선택을 우리에게 남기지 않았습니다." - C.S. 루이스, 순전한 기독교

바리새인들은 성경을 암기했지만, 예수님에 대한 진실을 놓쳤을 뿐만 아니라, 그들의 모든 정치적 조직을 동원해 그분을 반대했습니다. 그 이유는 다음과 같습니다. 예수님은 그들의 선입견에 맞지 않았습니다. 그들이 메시아에 대해 가졌던 모든 가정이 예수님과 일치하지 않았습니다. 그리고 그것은 오늘날 우리가 직면한 위험이기도 합니다. 예수님에 대한 우리의 생각이 그분을 이해하는 데 방해가 됩니다. 도전 과제는 예수님이 직접 말씀하시도록 허용하고, 그분이 스스로를 정의하도록 하는 것입니다. 우리의 개념을 확인하거나 반박하려고 하는 대신 말입니다.

이 생각들 중 어느 것이 예수님에 대한 당신의 인식을 대변합니까?

....

....

당신은 예수님이 존재했다고 믿습니까?

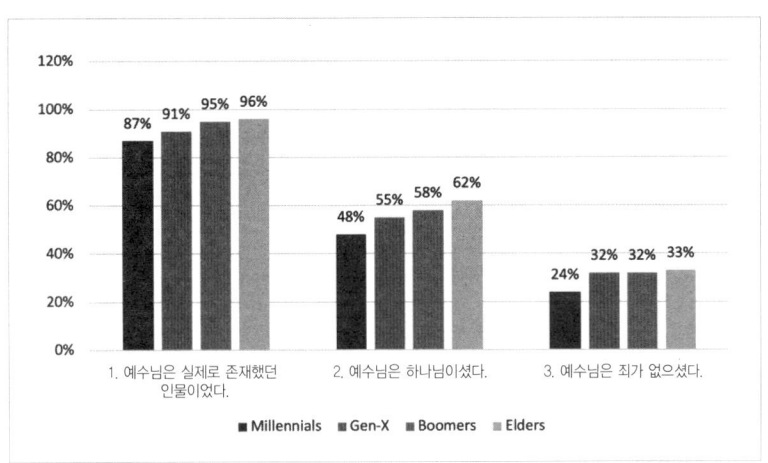

미국인의 예수에 대한 믿음 (2015)

92%의 사람들은 예수가 실제 역사적 인물이었다고 믿습니다.

56%의 사람들은 예수가 신성함을 주장했음을 믿습니다.

52%의 사람들은 예수가 죄를 짓지 않았다고 믿습니다.

46%의 사람들은 예수가 부활했다고 믿습니다.

64%의 밀레니얼 세대는 예수가 기독교 신앙에 개인적으로 중요하다고 믿습니다.

위의 관점 중 어느 것이 당신의 생각과 일치합니까? 설명해 보세요.

....

....

예수님의 인성

예수님은 자신에 대해 무엇을 주장하셨습니까? 예수님은 자신이 완전히 인간이자 완전히 하나님이라고 주장하셨습니다.

예수님은 정상적인 인간 감정을 경험하셨을까요? 지루함이나 혼란, 심지어 유혹도요? 그분은 피곤하셨나요? 배가 고프셨나요?

성경은 예수님을 다음과 같은 신체적, 감정적 용어로 묘사합니다.

"예수는 지혜와 키가 자라가며 하나님과 사람에게 더욱 사랑스러워 가시더라"(눅 2:52).
"이른 아침에 성으로 들어오실 때에 시장하신지라"(마 21:18).
"거기 또 야곱의 우물이 있더라 예수께서 길 가시다가 피곤하여 우물 곁에 그대로 앉으시니 때가 여섯 시쯤 되었더라"(요 4:6).
"자녀들은 혈과 육에 속하였으매 그도 또한 같은 모양으로 혈과 육을 함께 지니심은 죽음을 통하여 죽음의 세력을 잡은 자 곧 마귀를 멸하시며"(히 2:14).
"그러므로 그가 범사에 형제들과 같이 되심이 마땅하도다 이는 하나님의 일에 자비하고 신실한 대제사장이 되어 백성의 죄를 속량하려 하심이라 그가 시험을 받아 고난을 당하셨은즉 시험 받는 자들을 능히 도우실 수 있느니라"(히 2:17-18).
"예수께서 눈물을 흘리시더라"(요 11:35).

이 구절들은 예수님의 인성에 대해 무엇을 말해 줍니까?

....
....

예수님이 인간이셨다면, 이는 전 인류에게 그리고 개개인들에게 어떤 의미가 있습니까?

....
....

"그러므로 우리에게 큰 대제사장이 계시니 승천하신 이 곧 하나님의 아들 예수시라 우리가 믿는 도리를 굳게 잡을지어다 우리에게 있는 대제사장은 우리의 연약함을 동정하지 못하실 이가 아니요 모든 일에 우리와 똑같이 시험을 받으신 이로되 죄는 없으시니라"(히 4:14-15).

이 구절에 따르면, 예수님은 우리와 어떤 공통점을 가지고 있습니까?

....
....

그분이 우리와 다른 점은 무엇입니까?

....
....

예수님의 신성

"예수께서 빌립보 가이사랴 지방에 이르러 제자들에게 물어 이르시되 사람들이 인자를 누구라 하느냐 이르되 더러는 세례 요한, 더러는 엘리야, 어떤 이는 예레미야나 선지자 중의 하나라 하나이다 이르시되 너희는 나를 누구라 하느냐 시몬 베드로가 대답하여 이르되 주는 그리스도시요 살아 계신 하나님의 아들이시니이다 예수께서 대답하여 이르시되 바요나 시몬아 네가 복이 있도다 이를 네게 알게 한 이는 혈육이 아니요 하늘에 계신 내 아버지시니라"(마 16:13-17).

일반적으로, 예수님의 제자들은 그분의 정체성에 대해 무엇을 믿었습니까?

....
....

베드로의 대답이 독특한 이유는 무엇입니까? 무엇이 그가 그 대답을 하도록 무엇이 촉발했을까요?

....
....

"여드레를 지나서 제자들이 다시 집 안에 있을 때에 도마도 함께 있고 문들이 닫혔는데 예수께서 오사 가운데 서서 이르시되 너희에게 평강이 있을지어다 하시고 도마에게 이르시되 네 손가락을 이리 내밀어 내 손을 보고 네 손을 내밀어 내 옆구리에 넣어 보라 그리하여 믿음 없는 자가 되지 말고 믿는 자가 되라 도마가 대답하여 이르되 나의 주님이시요 나의 하나님이시니이다 예수께서 이르시되 너는 나를 본 고로 믿느냐 보지 못하고 믿는 자들은 복되도다 하시니라"(요 20:26-29).

도마는 예수님에 대해 무엇을 말했습니까?

....
....

예수님은 이 말에 어떻게 반응하셨습니까?

....
....

"나와 아버지는 하나이니라 하신대 유대인들이 다시 돌을 들어 치려 하거늘 예수께서 대답하시되 내가 아버지로 말미암아 여러 가지 선한 일로 너희에게 보였거늘 그중에 어떤 일로 나를 돌로 치려 하느냐 유대인들이 대답하되 선한 일로 말미암아 우리가 너를 돌로 치려는 것이 아니라 신성모독으로 인함이니 네가 사람이 되어 자칭 하나님이라 함이로라"(요 10:30-33).

유대인들이 예수님의 말씀에 분노한 것이 정당했습니까? 왜 그렇거나, 왜 그렇지 않습니까?

"예수께서 즉시 제자들을 재촉하사 자기가 무리를 보내는 동안에 배를 타고 앞서 건너편으로 가게 하시고…밤 사경에 예수께서 바다 위로 걸어서 제자들에게 오시니 제자들이 그가 바다 위로 걸어오심을 보고 놀라 유령이라 하며 무서워하여 소리 지르거늘 예수께서 즉시 이르시되 안심하라 나니 두려워하지 말라 베드로가 대답하여 이르되 주여 만일 주님이시거든 나를 명하사 물 위로 오라 하소서 하니 오라 하시니 베드로가 배에서 내려 물 위로 걸어서 예수께로 가되 바람을 보고 무서워 빠져 가는지라 소리 질러 이르되 주여 나를 구원하소서 하니 예수께서 즉시 손을 내밀어 그를 붙잡으시며 이르시되 믿음이 작은 자여 왜 의심하였느냐 하시고 배에 함께 오르매 바람이 그치는지라 배에 있는 사람들이 예수께 절하며 이르되 진실로 하나님의 아들이로소이다 하더라"(마 14:22, 25-33).

이 이야기에서 예수님의 신성에 대한 증거는 무엇입니까?

듣기: 켄 보아의 "The Humanity and Deity of Christ"
듣기: 스티븐 데이비의 "Who is Jesus."

관련 자료

The Case for Christ, Lee Strobel
Mere Christianity, C. S. Lewis

The Truth Project, Focus of the Family
More Than a Carpenter, Josh McDowell
What's So Amazing About Grace?, Philip Yancey

더 깊이 들어가기

이 섹션은 도전적인 질문, 오디오 추천, 자기 성찰 연습을 통해 조금 더 깊이 나아갈 수 있도록 돕기 위한 것입니다. 이 섹션은 선택 사항이므로 모두 사용하거나 일부를 사용하거나 또는 전혀 사용하지 않아도 됩니다.

생각하기: 예수님이 하나님이라고 주장했는데, 왜 인간들에 맞서 자신을 방어하지 않으셨을까요?

관찰하기: www.jesusfilm.org에서 〈예수 영화〉를 시청해 보세요.

"나사렛 예수는 돈과 무기를 갖지 않고도 알렉산더 대왕, 카이사르, 무함마드, 나폴레옹보다 더 많은 사람들을 정복했습니다. 과학과 학문이 없이도 그는 모든 철학자와 학자들이 결합해도 얻지 못한 빛을 인간과 신성한 것에 비추었습니다. 교육을 통해 얻은 웅변도 없이 그는 이전에도 이후에도 결코 없었던 생명의 말을 말했으며, 웅변가나 시인이 도달할 수 없는 효과를 냈습니다. 한 줄의 글도 쓰지 않았지만 그는 더 많은 펜을 움직였고, 더 많은 설교, 연설, 토론, 학술 서적, 예술 작품, 찬송가의 주제를 제공했습니다." – 필립 샤프, 독일-미국 신학자 및 교회사 학자

제레미 캠프가 부른 페르난도 오르테가의 "Give Me Jesus"를 들어 보세요. 예수 그리스도에 대한 사실이 가수의 마음의 열망과 어떻게 교차하는지 생각해 보세요.

....
....

05
예수님은 왜 오셨습니까?

바쁜 하루 중에 전화가 걸려 옵니다. 전화를 받다 보면 금세 전화를 받았던 것을 후회하게 됩니다. 결국 당신은 이렇게 묻습니다, "왜 전화하셨죠?" 즉, 요점을 말해 달라는 것입니다. 그렇지 않으면 내 시간을 낭비하기 때문입니다!

우리는 전화 마케팅이나 기부 요청 전화를 달가워하지 않습니다.

다. 특히 그들의 의도를 정확히 알 수 없을 때는 더 경계하게 됩니다. 낯선 이와의 연결은, 그 사람이 무엇을 원하는지 확실하지 않을 때 더욱 어렵습니다. 예수님에 대해서도 마찬가지입니다. 사람들은 이렇게 묻습니다. "예수님은 왜 오셨나요?"

그래서 예수님의 '오신 목적'을 분명히 아는 것은 매우 중요합니다.

어떤 사람들은 이렇게 말합니다.

"하나님의 아들이 사람이 되신 이유는 사람들이 하나님의 아들이 될 수 있도록 하

기 위해서입니다." - C.S. 루이스, 학자, 저술가

"죽으신 예수님은 죄에 대한 하나님의 분노의 증거이시지만, 살아 계신 예수님은 하나님의 사랑과 용서의 증거이십니다." - 로렌츠 아이퍼트, 목사

"예수님은 다른 종교 선생들처럼 하나님께 가는 길을 보여 주는 지도를 주지 않습니다. 그분 자신이 길이기 때문입니다." - 칼 바르트, 철학자

"완전히 무고한 사람이 자신의 적들을 포함한 다른 사람들의 선을 위해 자신을 희생 제물로 바치고 세상의 대속제물이 되었습니다. 그것은 완벽한 행위였습니다." - 마하트마 간디, 인도 종교 및 정치 지도자

어떤 종류의 목적이 사람을 기꺼이 죽게 만들 수 있을까요?

....
....

전시되지 않은 관

북인도의 마을에서 한 선교사가 시장에서 설교를 하고 있었습니다. 그의 메시지가 끝날 무렵, 한 무슬림 신도가 그에게 다가와 말했습니다. "당신은 우리가 가지고 있는 한 가지를 인정해야 합니다. 그것은 당신이 가지고 있는 것보다 나은 것입니다." 선교사는 미소 지으며 말했습니다. "그게 무엇인지 듣고 싶습니다." 무슬림 신도는 말했습니다. "당신도 알다시피 우리가 메카에 가면 적어도 우리는 관을 볼 수 있습니다. 그러나 당신들의 메카인 예루살렘에 가면 당신들은 빈 무덤밖에 보지 못합니다." 선교사는 미소 지으며 말했습니다. "그것이 바로 차이입니다. 무함마드는 죽었고, 그는 관 속에 있습니다. 그러나 예수 그리스도, 모든 나라와 종족과 부족을 포함하는 왕국의 주인은 여기 있지 않습니다. 그분은 부활하셨습니다. 하늘과 땅의 모든 권세가 그분에게 주어졌습니다. 그것이 우리의 희망입니다."(에비 메긴슨 목사)

예수 그리스도와 다른 종교 지도자들 간의 차이점은 무엇입니까?

....

....

생각해 볼 질문들

- 예수님은 왜 오셨습니까?
- 예수님은 무엇을 하셨습니까?
- 예수님은 왜 그리고 어떻게 죽으셨습니까?
- 예수님이 정말로 부활하셨습니까?
- 예수님께서 하실 일이 남아 있습니까?

예수님은 왜 오셨습니까?

다음 성경 구절들을 점검해 보세요.

"이 일을 생각할 때에 주의 사자가 현몽하여 이르되 다윗의 자손 요셉아 네 아내 마리아 데려오기를 무서워하지 말라 그에게 잉태된 자는 성령으로 된 것이라 아들을 낳으리니 이름을 예수라 하라 이는 그가 자기 백성을 그들의 죄에서 구원할 자이심이라 하니라"(마 1:20-21).

"그러므로 예수께서 다시 이르시되 내가 진실로 진실로 너희에게 말하노니 나는 양의 문이라 나보다 먼저 온 자는 다 절도요 강도니 양들이 듣지 아니하였느니라 내가 문이니 누구든지 나로 말미암아 들어가면 구원을 받고 또는 들어가며 나오며 꼴을 얻으리라 도둑이 오는 것은 도둑질하고 죽이고 멸망시키려는 것뿐이요 내가 온 것은 양으로 생명을 얻게 하고 더 풍성히 얻게 하려는 것이라 나는 선한 목자라 선한 목자는 양들을 위하여 목숨을 버리거니와"(요 10:7-11).

"인자가 온 것은 잃어버린 자를 찾아 구원하려 함이니라"(눅 19:10).

이 구절들에서 예수님이 오신 이유를 무엇이라고 말하고 있습니까?

....
....

예수께서는 무엇을 하셨습니까?

그는 배고픔으로 사역을 시작하셨지만, 그는 생명의 빵입니다(요 6:35).
예수님은 목마르심으로 지상 사역을 마치셨지만, 그분은 살아 있는 물입니다(요 4:15-16).
예수님은 지치셨지만, 그분은 우리의 안식처가 되십니다(마 11:28-30).
예수께서 세금을 바치셨지만, 그분은 왕이십니다(마 22:15-22).
예수께서는 귀신 들렸다는 고소를 받으셨지만 귀신들을 쫓아내셨습니다(눅 1:14-20).
예수님은 울었지만, 우리의 눈물을 닦아 주십니다(요 11:35; 계 21:4).
예수님은 은 삼십에 팔렸지만 그분은 세상을 구원하셨습니다(마 27:3-4)
예수님은 도살당할 어린 양으로 끌려왔지만, 그분은 선한 목자이십니다(사 53:7).
예수님은 죽으셨지만, 그 죽음으로 죽음의 권세를 멸하셨습니다(고전 15:56-57).
- 나지안주스의 그레고리, 서기 381년

심지어 가장 큰 회의론자도 예수님이 역사를 극적으로 바꾸셨다는 것에 동의할 것입니다. 다음은 예수님의 중요한 사역의 일부입니다.

- 하나님의 사랑과 복음을 전파하셨습니다.
- 제자들을 양육하시고 파송하셨습니다.
- 하나님 나라의 삶의 본보기를 제공하셨습니다.
- 병자 고침과 기적을 통해 하나님 나라 선포하셨습니다.
- 십자가에서 죽으심으로 온 인류에게 구원을 베푸셨습니다.
- 부활을 통한 영생의 소망을 제공하셨습니다.

- 결국 그는 수천만 명이 모방한 모범적인 삶을 이끄셨습니다.
- 모든 시대에 가장 영향력 있는 가르침을 제공했습니다.
- 또한 가장 불운한 사람들에게 희망을 주었습니다.

성경에 따르면, 예수님은 질병, 자연, 심지어 죽음에 대한 권능을 보여 주셨습니다.

질병에 대한 권능	나병환자, 중풍병자, 고관의 아들, 마른 손 환자 등을 고치심
자연에 대한 권능	물을 포도주로 만드심, 폭풍을 잠잠케 하심, 많은 물고기를 잡게 하심, 물 위를 걸으심
죽음에 대한 권능	과부의 아들 살리심, 야이로의 딸 살리심, 친구 나사로 살리심, 스스로 부활하심

예수님이 이런 다양한 기적을 행하신 이유는 무엇이라고 생각합니까?

이 중 어떤 기적이 당신에게 가장 의미가 있습니까?

"만일 내가 내 아버지의 일을 행하지 아니하거든 나를 믿지 말려니와 내가 행하거든 나를 믿지 아니할지라도 그 일은 믿으라 그러면 너희가 아버지께서 내 안에 계시고 내가 아버지 안에 있음을 깨달아 알리라 하시니"(요 10:37-38).

"내가 하늘에서 내려온 것은 내 뜻을 행하려 함이 아니요 나를 보내신 이의 뜻을 행하려 함이니라 나를 보내신 이의 뜻은 내게 주신 자 중에 내가 하나도 잃어버리지 아니하고 마지막 날에 다시 살리는 이것이니라 내 아버지의 뜻은 아들을 보고 믿는 자마다 영생을 얻는 이것이니 마지막 날에 내가 이를 다시 살리리라 하시니라"(요 6:38-40).

위의 성경구절들에 따르면, 예수님이 기적을 행하신 목적은 무엇이라고 말합니까?

....
....

예수님은 왜 그리고 어떻게 죽으셨습니까?

"그가 찔림은 우리의 허물 때문이요 그가 상함은 우리의 죄악 때문이라 그가 징계를 받으므로 우리는 평화를 누리고 그가 채찍에 맞으므로 우리는 나음을 받았도다 우리는 다 양 같아서 그릇 행하여 각기 제 길로 갔거늘 여호와께서는 우리 모두의 죄악을 그에게 담당시키셨도다"(사 53:5-6).

"모든 사람이 죄를 범하였으매 하나님의 영광에 이르지 못하더니 그리스도 예수 안에 있는 속량으로 말미암아 하나님의 은혜로 값없이 의롭다 하심을 얻은 자 되었느니라"(롬 3:23-24).

"우리가 아직 죄인 되었을 때에 그리스도께서 우리를 위하여 죽으심으로 하나님께서 우리에 대한 자기의 사랑을 확증하셨느니라"(롬 5:8).

위 성경구절에서 언급한 하나님의 사랑과 예수님의 죽음 사이에는 무엇이 있습니까?

....
....

예수님의 십자가에서 죽으심

십자가형은 노예, 외국인, 범죄자를 대상으로 한 로마의 처형 방법이었습니다. 로마 시민(사도 바울과 같은)은 이 잔인하고 고통스러운 처벌을 받지 않았습니다. 십자가형은 죽음이 오기 전까지 며칠 동안의 극심한 고통을 안겨 주는 데 의미가 있었습니다. 역사상 다른 인기 있는 처형 및 고문 방법처럼, 십자가형은 구경꾼의 무리를 끌어 모으는 일이었습니다.

"이 때에 예수와 함께 강도 둘이 십자가에 못 박히니 하나는 우편에, 하나는 좌편에 있더라"(마 27:38).

예수님을 죽게 한 십자가형의 의미는 무엇입니까?

··
··

예수님은 정말로 부활하셨습니까?

예수님이 실제로 살았다는 것을 믿는 것과 그분이 기적을 행하고 로마 당국에 의해 예루살렘에서 처형되었다는 것을 믿는 것은 별개의 문제입니다. **그분이 실제로 죽음에서 부활했다는 것을 믿는 것은 가장 중요한 단계입니다.** 그리고 만약 예수님이 부활하지 않았다면, 모든 기독교는 사기이고, 교회 역사의 모든 추종자들은 지금까지 속아 왔다는 의미가 됩니다. 부활은 기독교의 핵심입니다. 이 때문에 성경은 많은 증인들이 예수님을 죽음과 장사 후에 보았다고 신중하게 기록하고 있습니다. 바울은 아래의 구절에서 그 주장을 펼칩니다.

"내가 받은 것을 먼저 너희에게 전하였노니 이는 성경대로 그리스도께서 우리 죄를 위하여 죽으시고 장사 지낸 바 되셨다가 성경대로 사흘 만에 다시 살아나사 게바에게 보이시고 후에 열두 제자에게와 그 후에 오백여 형제에게 일시에 보이셨나니 그중에 지금까지 대다수는 살아 있고 어떤 사람은 잠들었으며 그 후에 야고보에게 보이셨으며 그 후에 모든 사도에게와 맨 나중에 만삭되지 못하여 난 자 같은 내게도 보이셨느니라"(고전 15:3-8).

예수님의 부활을 증거하는 목격자들이 있는 것은 왜 중요한 의미를 가질까요?

....

....

부활의 진리는 우리에게 구원의 확신을 주고, 우리의 미래 부활에 대한 희망을 줍니다. 우리는 부활의 현실 때문에 이러한 모든 것을 가지고 있습니다. 우리는 살아있는 구주에 대한 신앙 때문에 영광스러운 희망을 가집니다. 찰스 라이리, 기본 신학

"생명의 주를 죽였도다 그러나 하나님이 죽은 자 가운데서 그를 살리셨으니 우리가 이 일에 증인이라"(행 3:15).

"예수께서 대답하여 이르시되 너희가 이 성전을 헐라 내가 사흘 동안에 일으키리라 유대인들이 이르되 이 성전은 사십육 년 동안에 지었거늘 네가 삼 일 동안에 일으키겠느냐 하더라 그러나 예수는 성전 된 자기 육체를 가리켜 말씀하신 것이라 죽은 자 가운데서 살아나신 후에야 제자들이 이 말씀 하신 것을 기억하고 성경과 예수께서 하신 말씀을 믿었더라"(요 2:19-22).

"그리스도께서 다시 살아나신 일이 없으면 너희의 믿음도 헛되고 너희가 여전히 죄 가운데 있을 것이요"(고전 15:17).

위의 구절들에 따르면, 그리스도의 부활이 왜 그렇게 중요한가요?

....

....

예수님이 죽음을 맞이하셨을 때, 그분의 소수의 추종자들은 흩어져 숨었습니다. 몇 년 안에 기독교 신앙은 로마 제국에까지 침투했고, 그 원래의 추종자들은 자신들도 처형을 기꺼이 맞이할 준비가 되었습니다.

이러한 사건들을 부활 없이 설명할 수 있습니까?

....
....

예수님께서 하실 일이 남아 있습니까?

"우리가 주의 말씀으로 너희에게 이것을 말하노니 주께서 강림하실 때까지 우리 살아 남아 있는 자도 자는 자보다 결코 앞서지 못하리라 주께서 호령과 천사장의 소리와 하나님의 나팔 소리로 친히 하늘로부터 강림하시니 그리스도 안에서 죽은 자들이 먼저 일어나고 그 후에 우리 살아남은 자들도 그들과 함께 구름 속으로 끌어 올려 공중에서 주를 영접하게 하시리니 그리하여 우리가 항상 주와 함께 있으리라 그러므로 이러한 말로 서로 위로하라"(살전 4:15-18).

"고대 세계에서 이렇게 훌륭한 문서와 역사적 증거로 뒷받침되는 문서는 존재하지 않습니다. 기독교의 역사적 신뢰성에 대한 회의론은 비합리적인 편견에 기초하고 있습니다." - 클락 피노크, 토론토 매카스터 대학교 교수

"보라 내가 속히 오리니 내가 줄 상이 내게 있어 각 사람에게 그가 행한 대로 갚아 주리라"(계 22:12).

"이 말씀을 마치시고 그들이 보는데 올려져 가시니 구름이 그를 가리어 보이지 않게 하더라 올라가실 때에 제자들이 자세히 하늘을 쳐다보고 있는데 흰 옷 입은 두 사람이 그들 곁에 서서 이르되 갈릴리 사람들아 어찌하여 서서 하늘을 쳐다보느냐 너희 가운데서 하늘로 올려지신 이 예수는 하늘로 가심을 본 그대로 오시리

라 하였느니라"(행 1:9-11).

천사들은 제자들에게 어떤 말로 격려했습니까?

....

....

듣기: Out of the grave by Crawford Loritts

관련 자료

The Jesus I Never Knew, Phillip Yancey
Basic Theology, Charles Ryrie
The Case for Christ, Lee Strobel
Cold-Case Christianity, J. Warner Wallace

더 깊이 들어가기

이 섹션은 도전적인 질문, 오디오 추천, 자기 성찰 연습을 통해 조금 더 깊이 나아갈 수 있도록 돕기 위한 것입니다. 이 섹션은 선택 사항이므로 모두 사용하거나 일부를 사용하거나 또는 전혀 사용하지 않아도 됩니다.

생각하기: 당신은 예수님이 죽으셔야 했다고 생각하십니까? 그렇다고 생각하는 이유는 무엇이며, 아니라고 생각하는 이유는 무엇입니까?

....

....

관찰하기: 예수 그리스도가 죽는 날을 가장 '현실적'으로 보여주는 영상

https://youtu.be/u6e8G6FPZAg?si=bhUmf6xOjg6v_IWd

이 영상을 시청하고 예수님의 공생애의 마지막 순간을 간디, 무함마드, 부처, 여러 힌두교 신들, 공자, 브리검 영, 메리 베이커 에디 등 다른 주요 종교적 인물들과 비교해보십시오.

고려하기: 우리는 죽음을 생각할 때, 그것이 끝이라고 생각하는 경향이 있습니다. 예수님의 죽음이 어떻게 끝이 아니라 시작이 되었습니까?

....

....

06 나는 용서받을 수 있을까요?

어떤 사람들은 이렇게 말합니다.

"유명한 정신과 의사 칼 메닝거는, 정신병원에 입원한 환자들이 자신의 죄가 용서받았다는 것을 납득할 수 있다면 75%는 다음 날 퇴원할 수 있을 것이라고 말했다!" - Today in the Word, 1989년 3월, p.8

"용서 없이는 사랑이 없고, 사랑 없이는 용서가 없다." - 브라이언트 H. 맥길, 미국 시인 및 작가

"분노는 당신을 작게 만들고, 용서는 당신을 이전보다 더 크게 만든다." - 체리 카터-스콧, 작가, 인생 코치 및 동기부여 연설가

"원한은 사람이 독이 든 잔을 마시고 나서 적이 죽기를 기다리는 것과 같다." - 작자 미상

다음 질문에 답한 후, 다음 두 이야기에 나오는 용서의 힘을 생각해 보세요.

용서는 인간 경험에 있어서 왜 그렇게 중요한가요?

....

....

이야기 1: 조디와 칩 펄락

2001년 7월 29일, 조디와 칩 펄락은 세 자녀와 함께 교회 예배 후 인기 있는 레스토랑에서 일요일 브런치를 즐기고 있었습니다. 식사를 시작한 지 몇 분 만에, 38세의 신디라는 여자가 자신의 차를 레스토랑 문에 들이받아 자살을 시도했습니다. 가족 모두와 다른 성인 여섯 명과 어린이가 부상을 입었으며, 네 살 된 티건 펄락은 즉사했습니다.

사건이 법정으로 넘어갔을 때, 칩과 조디는 감정적인 혼란을 이겨 내고 법정에서 모든 사람에게 용서를 표현했습니다. 조디는 이렇게 말했습니다.

"테건의 삶을 빼앗긴 것 같아 이 여자가 마땅히 받아야 할 벌을 받는 모습을 보고 싶다는 마음이 있었습니다. 하지만 마치 하나님께서 '너에게 그렇게 하도록 허락할 수 없고, 허락하지 않을 것이다'라고 말씀하시는 것 같았어요."

법정은 그 가족이 얼마나 큰 피해를 입었는지 설명했지만, 그들은 신디가 결국 더 나은 사람이 되기를 바랐습니다. 그녀가 계속 살아가야 한다고 말했습니다. 칩은 "진정으로 누군가를 용서할 때, 당신은 자신의 삶을 계속 살아갈 수 있다"고 말했습니다.

> "다른 사람을 용서하지 못하는 자는 자신이 건너야 할 다리를 스스로 부수는 것입니다. 모든 사람은 용서를 받을 필요가 있기 때문입니다." - 토머스 풀러, 영국 성직자

이야기 2: 어니스트 고든의 콰이강의 기적

일본군의 포로로 잡혀 정글에서 철도공사에 강제 노동을 하던 스코틀랜드 병사들의 행동은 점점 잔혹한 야만 상태로 퇴보하고 있었습니다. 그러던 어느 날 오후, 사건이 일어났습니다. 한 일본 장교는 삽 하나가 없어진 것에 화가 났습니다. 그는 분실된 삽을 내놓으라고 명령했지만, 아무도 움직이지 않자 총을 꺼내 모두를 즉각 처형하겠다고 위협했습니다. 장교의 표정은 매우 진지해 보였습니다. 결국 한 스코틀랜드 포로가 앞으로 나섰습니다.

그 장교는 총을 거두고 삽을 집어 들어 그를 때려 죽였습니다. 사건이 끝난 후, 생존자들은 피투성이의 시체를 들고 가서 두 번째 도구 점검에 들어갔습니다. 그런데 삽이 없어진 것이 아니었습니다. 사실, 첫 번째 점검에서 잘못 세었기 때문이었습니다. 이 잘못된 계산과 그로 인한 폭행 소식은 캠프 전체에 빠르게 퍼졌습니다. 무고한 사람이 다른 사람들을 구하기 위해 기꺼이 죽으려 했던 것입니다! 이 사건은 포로들에게 깊은 영향을 미쳤습니다. 남자들은 서로를 형제로 대하기 시작했습니다. 연합군이 그들을 구하러 왔을 때, 생존자들은 신체적으로는 해골에 가까운 상태로 줄을 서서 이렇게 말했습니다.

"이제 더 이상 증오도, 살인도 없습니다. 이제 우리가 필요로 하는 것은 용서입니다."
희생적인 사랑이 그만큼 강력한 변화를 일으켰습니다.

왜 용서는 사람들에게 그렇게 강력한 반응을 일으키나요?

용서를 개인적으로 받아들이기

용서를 요청하지 않은 사람을 용서한 경험이 있습니까? 말해 보세요.

누군가가 당신을 용서할 때 어떤 감정이 드나요?

....
....

당신이 누군가에게 용서를 베풀 때 어떤 감정이 드나요?

....
....

당신의 생각을 바탕으로 용서에 대한 간단한 정의를 내려 보세요.

....
....

하지만 내가 정말 그렇게 나쁩니까?

대부분의 사람들은 자신을 대체로 착한 사람이라고 생각하며, 가끔 실수한다고 생각합니다. 결국, 그 누구도 완벽하지 않지 않나요? 이 아이디어에 대해 예수님은 어떻게 말씀하셨는지 살펴보겠습니다.

마태복음 5:21-28을 읽고 아래 질문에 답하세요.

> "옛 사람에게 말한 바 살인하지 말라 누구든지 살인하면 심판을 받게 되리라 하였다는 것을 너희가 들었으나 나는 너희에게 이르노니 형제에게 노하는 자마다 심판을 받게 되고 형제를 대하여 라가라 하는 자는 공회에 잡혀가게 되고 미련한 놈이라 하는 자는 지옥 불에 들어가게 되리라 그러므로 예물을 제단에 드리려다가 거기서 네 형제에게 원망들을 만한 일이 있는 것이 생각나거든 예물을 제단 앞에 두고 먼저 가서 형제와 화목하고 그 후에 와서 예물을 드리라 너를 고발하는 자와 함께 길에 있을 때에 급히 사화하라 그 고발하는 자가 너를 재판관에게 내어

주고 재판관이 옥리에게 내어 주어 옥에 가둘까 염려하라 진실로 네게 이르노니 네가 한 푼이라도 남김이 없이 다 갚기 전에는 결코 거기서 나오지 못하리라 또 간음하지 말라 하였다는 것을 너희가 들었으나 나는 너희에게 이르노니 음욕을 품고 여자를 보는 자마다 마음에 이미 간음하였느니라"(마 5:21-28).

예수님이 언급하신 잘못된 행동들은 무엇인가요?

예수님은 행동에 대해 걱정하시나요 아니면 더 깊은 곳에 대하여 걱정을 표현하시나요?

하나님께서 우리의 생각에 대해 그렇게 걱정하시는 이유는 무엇일까요?

예수님이 마태복음 5장에서 제시한 옳고 그름의 기준으로 자신을 측정한다면, 당신은 어떻게 될 것 같나요?

이 구절이 우리의 인간적인 문제에 대한 이해를 어떻게 발전시켰으며, 용서의 필요성을 어떻게 느끼게 했나요?

우리는 용서가 필요합니까?

사람들은 우리의 전반적인 상태를 측정하기보다는 상대적인 척도를 사용해 평가하는 경향이 있습니다. 우리는 주위 사람들과 자신을 비교합니다. 인간의 성과에 있어 성공은 절대적인 완벽함을 달성하는 것보다 비교를 통해 더 많이 이루어집니다. 아마도 절대적인 완벽함이 너무 달성하기 어려운 목표이기 때문일 것입니다. 성경의 기준은 무엇일까요? 단지 다른 사람보다 조금 더 잘하면 되는 걸까요?

"그러므로 남을 판단하는 사람아, 누구를 막론하고 네가 핑계하지 못할 것은 남을 판단하는 것으로 네가 너를 정죄함이니 판단하는 네가 같은 일을 행함이니라"(롬 2:1).

이 구절에서 주는 교훈은 무엇인지 설명해 보세요.

하나님의 용서의 근거는 무엇입니까?

우리가 우리의 잘못을 '보상'하려고 시도하는 방법 중 어떤 것이 있나요?

이런 것들과 용서를 구하는 것은 어떻게 다른가요?

....

....

이 세상에서는 우리의 노력에 따라 보상을 받습니다. 이는 어릴 때부터 주입된 원칙입니다. 우리는 인정, 용돈, 학교 성적, 존경, 급여 등을 얻기 위해 노력합니다. 그래서 우리는 하나님의 인정을 받을 수 있다고 생각하는 것도 당연합니다. 그러나 선행을 하고, 세례를 받고, 기독교 가정에서 태어나고, 교회에 출석하고, 심지어 재활용을 해도 하나님의 인정을 얻을 수는 없습니다.

당신은 하나님의 인정을 얻으려고 한 적이 있나요? 말해 보세요.

....

....

다음 구절들은 우리가 하나님과 관계를 맺는 방법에 대해 이야기합니다.

"모든 사람이 죄를 범하였으매 하나님의 영광에 이르지 못하더니"(로마서 3:23).

"죄의 삯은 사망이요 하나님의 은사는 그리스도 예수 우리 주 안에 있는 영생이니라"(롬 6:23).

"우리가 아직 죄인 되었을 때에 그리스도께서 우리를 위하여 죽으심으로 하나님께서 우리에 대한 자기의 사랑을 확증하셨느니라"(롬 5:8).

"네가 만일 네 입으로 예수를 주로 시인하며 또 하나님께서 그를 죽은 자 가운데서 살리신 것을 네 마음에 믿으면 구원을 받으리라"(롬 10:9).

"만일 우리가 우리 죄를 자백하면 그는 미쁘시고 의로우사 우리 죄를 사하시며 우리를 모든 불의에서 깨끗하게 하실 것이요"(요일 1:9).

"그러므로 이제 그리스도 예수 안에 있는 자에게는 결코 정죄함이 없나니"(롬 8:1).

위 구절들에 따르면 하나님의 용서의 근거는 무엇인가요?

....

....

위 구절들에 따르면 우리가 해야 할 역할은 무엇인가요?

....

....

지난 장에서 우리는 예수님의 죽음과 부활에 대해 논의했습니다. 우리는 또한 이사야 53:5에서 예언된 예수님에 대해 읽었습니다.

> "그가 찔림은 우리의 허물 때문이요 그가 상함은 우리의 죄악 때문이라 그가 징계를 받으므로 우리는 평화를 누리고 그가 채찍에 맞으므로 우리는 나음을 받았도다"(사 53:5).

때로는 우리 때문에 예수님이 고통을 받아야 하는 이유를 이해하기 어려울 수 있습니다.

이사야 53:5는 우리의 잘못된 행동들(허물, 죄악)에 대해 어떤 심각성을 암시하고 있나요?

....

....

당신의 잘못된 행동들로 인해 예수님이 극심한 고통을 겪으셨다는 것을 알게 되었을 때 어떤 기분이 드나요?

....

....

구속(redeem)이라는 단어는 '다시 사다'를 의미합니다.

성경은 우리에게 일관된 그림을 제공합니다. 우리의 불순종은 사망의 형벌을 초래했지만, 하나님은 우리를 포기하지 않으셨습니다. 대신, 하나님은 순종하는 무죄한 자신의 아들에게 우리의 형벌을 대신 받게 하셨습니다. 예수님은 우리의 형벌을 받으셨고, 우리는 그분의 용서를 받았습니다. 그것은 하나님의 가족 안에서의 놀라운 자리이며, 우리의 신성한 아버지와의 영원한 재결합입니다. 우리는 다시는 길을 잃고 방황할 필요가 없습니다.

"친히 나무에 달려 그 몸으로 우리 죄를 담당하셨으니 이는 우리로 죄에 대하여 죽고 의에 대하여 살게 하려 하심이라 그가 채찍에 맞음으로 너희는 나음을 얻었나니"(벧전 2:24).

"그 아들 안에서 우리가 속량 곧 죄 사함을 얻었도다"(골 1:14).

"또 범죄와 육체의 무할례로 죽었던 너희를 하나님이 그와 함께 살리시고 우리의 모든 죄를 사하시고 우리를 거스르고 불리하게 하는 법조문으로 쓴 증서를 지우시고 제하여 버리사 십자가에 못 박으시고"(골 2:13-14).

"예수께서 이르시되 내가 곧 길이요 진리요 생명이니 나로 말미암지 않고는 아버지께로 올 자가 없느니라"(요 14:6).

어떻게 하면 이 용서를 받을 수 있는지, 자신의 말로 설명하세요.

....
....

다음 구절을 읽어 보세요.

"그가 빛 가운데 계신 것 같이 우리도 빛 가운데 행하면 우리가 서로 사귐이 있고 그 아들 예수의 피가 우리를 모든 죄에서 깨끗하게 하실 것이요 만일 우리가 죄가 없다고 말하면 스스로 속이고 또 진리가 우리 속에 있지 아니할 것이요 만일 우리가 우리 죄를 자백하면 그는 미쁘시고 의로우사 우리 죄를 사하시며 우리를 모든 불의에서 깨끗하게 하실 것이요"(요일 1:7-9).

이 말씀이 전달하려는 핵심은 무엇인가요?

....
....

이 아이디어들은 우리가 하나님의 용서를 어떻게 받는지에 대해 무엇을 제안하나요?

....
....

용서의 결과는 무엇인가요?

....
....

"내가 진실로 진실로 너희에게 이르노니 내 말을 듣고 또 나 보내신 이를 믿는 자는 영생을 얻었고 심판에 이르지 아니하나니 사망에서 생명으로 옮겼느니라"(요 5:24).

사망에서 생명으로 옮긴다는 것은 무슨 뜻인가요? 이것은 문자적인가요, 비유적인가요?

....
....

"그러므로 우리가 믿음으로 의롭다 하심을 받았으니 우리 주 예수 그리스도로 말미암아 하나님과 화평을 누리자"(롬 5:1).

왜 평화가 하나님의 용서의 궁극적인 결과로 언급되나요? 설명하세요.

....
....

믿음이란 무엇인가요? 믿음은 지적 이해나 단순한 동의가 아닙니다. 믿음은 감정이 아닙니다. 대신, 믿음은 선택이며, 마음과 의지를 포함합니다. 믿음은 행동을 요구합니다.

"네가 만일 네 입으로 예수를 주로 시인하며 또 하나님께서 그를 죽은 자 가운데서 살리신 것을 네 마음에 믿으면 구원을 받으리라"(롬 10:9).

오늘 죄인임을 인정하고, 예수 그리스도를 하나님으로 믿으며, 그분만이 구원의 충분한 조건임을 고백하고 싶나요?

만약 준비되었다면, 다음과 같은 기도를 할 수 있습니다:

하늘에 계신 아버지,
오늘, 저는 제가 죄인임을 인정합니다. 저의 죄가 거룩하고 의로우신 하나님과 저를 분리시킨다는 것을 알았습니다. 저는 제 죄에서 돌아서길 원하며 회개합니다. 이제 제 모든 죄를 용서해 주셨음을 믿고 감사합니다. 저는 당신께서 십자가에서 제 죄의 형벌을 치르셨고, 새 생명을 주시기 위해 다시 살아나셨음을 믿습니다. 저는 제 삶을 당신께 드리며, 당신의 아들 예수 그리스도께 제 믿음을 드립니다. 예수님의 이름으로 기도합니다. 아멘.

구원에 대해 질문이 있거나 이 결정을 누군가와 논의하고 싶다면, 당신의 지도자와 이야기하기를 권장합니다.

듣기: Sola Fide: The Great Divide by Stephen Davey

관련 자료

Son of God, 영화
Man on the Middle Cross, 비디오

더 깊이 들어가기

이 섹션은 도전적인 질문, 오디오 추천, 자기 성찰 연습을 통해 조금 더 깊이 나아갈 수 있도록 돕기 위한 것입니다. 이 섹션은 선택 사항이므로 모두 사용하거나 일부를 사용하거나 또는 전혀 사용하지 않아도 됩니다.

생각하기: 우리의 선행으로 하나님께 용서받을 수 있을까요? 왜 그렇거나 왜 그렇지 않나요?

....
....

관찰하기: 영화 〈루터〉(Luther)를 보세요. 마르틴 루터가 처음으로 은혜를 이해했을 때, 그의 삶은 어떻게 변했나요? 그의 용서 체험이 세상에 어떤 영향을 미쳤나요?

....
....

고려하기: 예수 그리스도와의 개인적인 경험은 무엇인가요? 오늘날 그와의 관계를 어떻게 묘사할 수 있나요?

....
....

Anberlin의 "Change the World (Lost Ones)" 또는 Over the Rhine의 "All I Need is Everything"을 듣고 토론해 보세요.

....
....

1. 디모데 전략 Operation Timothy Global 삶의 질문

1판 1쇄 인쇄 _ 2025년 6월 20일
1판 1쇄 발행 _ 2025년 6월 25일

지은이 _ CBMC USA
옮긴이 _ 북미주 KCBMC LOL 사역팀
　　　　북미주 KCBMC 사역지원센터
　　　　1012 Mac Arthur Drive Suite 172 Carrollton, TX 75007
　　　　홈페이지 http://www.kcbmc.org
펴낸이 _ 이형규
펴낸곳 _ 쿰란출판사

주소 _ 서울특별시 종로구 이화장길 6
편집부 _ 745-1007, 745-1301~2, 743-1300
영업부 _ 747-1004, FAX 745-8490
본사평생전화번호 _ 0502-756-1004
홈페이지 _ http://www.qumran.co.kr
E-mail _ qrbooks@daum.net / qrbooks@gmail.com
한글인터넷주소 _ 쿰란, 쿰란출판사
페이스북 _ www.facebook.com/qumranpeople
인스타그램 _ www.instagram.com/qrbooks
등록 _ 제1-670호(1988.2.27)
책임교열 _ 이화정·김영미

© CBMC USA 2025　ISBN 979-11-94464-72-3　03230

책값은 뒤표지에 있습니다.
이 출판물은 저작권법에 의해 보호를 받는 저작물이므로 무단 복제할 수 없습니다.
파본(破本)은 구입처에서 교환해 드립니다.